复旦公共行政评论

FUDAN PUBLIC ADMINISTRATION REVIEW

Vol.19/2018

《复旦公共行政评论》第十九辑 / 2018 年
FUDAN PUBLIC ADMINISTRATION REVIEW Vol.19/2018
主办单位：复旦大学国际关系与公共事务学院

复旦公共行政评论

第十九辑

中文社会科学引文索引（CSSCI）来源集刊

公共行政与哲学

上海人民出版社

目 录

专栏:公共行政与哲学

专栏:多层级治理与中国

研究论文

书　评

会议综述

CONTENTS

哲学与公共行政：一个简论*

Edoardo Ongaro 著　胡业飞　译**

［内容提要］ 本文探讨了哲学思想对公共行政（public administration）研究与实践——还包括教学——的重要意义。公共行政是一个跨学科的研究领域，该研究领域存在的基础，是人们在研究行政现象时，对多个现代学科理论与方法的综合使用。由于这些学科都扎根于哲学，因此，哲学思想能够，也理应扮演"智慧的黏合剂"角色，以帮助人们有条理地利用多个学科的知识产出，来推进公共行政的研究。本书展示了不同的哲学思想如何帮助人们理解近现代公共行政学科领域尚未被充分探究的某些侧面。

［关键词］ 公共行政理论；哲学与公共行政；公共事务；政府的跨学科研究

［**Abstract**］ The book argues about the significance of philosophical thought for the study and the practice—including the teaching—of public administration(PA). PA is an interdisciplinary field, based on the conjoint application of modern sciences to the study of the administrative phenomenon. Each of these sciences has a foundation in philosophy, hence philosophical thought can and ought to be the "intellectual glue" for the coherent application of disciplinary contributions to the advancement of the study of PA. The book illustrates how a variety of philosophical thoughts can shed light on little explored aspects of contemporary PA.

［**Key Words**］ Public Administration Theory; Philosophy and Public Administration; Public Affairs; Interdisciplinary Study of Government.

---

* 本文系 Edoardo Ongaro 著作（*Philosophy and Public Administration*，Edward Elgar：Cheltenham，UK，2017）的序言译文。翻译获得出版社授权。

** Edoardo Ongaro，英国开放大学教授，欧洲公共管理学会（EGPA）会长。胡业飞，天津大学管理与经济学部讲师。

一 引 言

在公共治理(public governance)、公共行政(public administration)与公共管理(public management)的现有文献中,似乎存在一项研究空白:在文献层面,公共行政的研究者对本体论(ontology)、政治哲学(political philosophy)以及认识论(epistemology)这些关键的哲学议题进行讨论时,并没有在深入探究这些议题的基础上,对这些议题之间的关联(link)进行充分的探索与细致的关照。事实上,观察公共治理、公共行政与公共管理研究——后文会将这三个领域统称为公共行政(这一命名问题也会在后文讨论说明)——在不同时期的剖面及其所反映出的变迁状况,就可以发现,从本体论到政治哲学的大量哲学议题,即使在公共行政这个学科被关注到,这种关注也是非常少的。

当然,现有文献中存在一些值得注意的例外。这里面包括:第一,对公共行政领域认识论(认识论是关于知识基础与方法的重要哲学课题,但目前相关研究只有一小部分文献在探讨认识论时,主题涉及了公共行政)的研究,比如可见 Riccucci(2010)的文章;第二,对公共行政中伦理、美德以及价值议题的研究(Gjalt de Graaf, Wolfgang Drechsler, George Frederickson, Leo Huberts, Michael Macaulay, Mark Rutgers等学者对该领域研究的发展做出了贡献);第三,在公共政策与公共事务领域,确有一些有意识地、更为广泛地施用哲学的立场与角度开展的研究(Geuras & Garofalo, 2015)。这些研究与本书所涉及的很多核心议题都有关联,但就像这里反复强调的,本书所深耕的领域与那些研究存在差别:本书将对公共行政的本体论问题及其政治哲学基础做一个系统性的引介。

与本书研究领域最为接近的,是 Lynch 与 Cruise(2006)编写的一本著作。该著作收集了多位美国学者的文章,展示了一些哲学家以及他们的思想如何对公共行政理论与实践产生影响,同时呈现出一定的发展脉络。不过,该著作与本书的有几个显著差别:首先,Lynch 与 Cruise 的书是一本编著,而本书是作者的独著——而独著这种形式更有希望保证本书各个部分、各个主题的讨论之间具备连贯性;其次,Lynch 与 Cruise 著作所涵盖的文章,都是由美国学者撰写,因而可能会在一些关注领域与研究重点上有所谓北美的偏好,而本书是由一名欧洲学者撰写,因而至少能够为读者提供一个新的观点与视角,来理解如何在公共行政理论内探讨哲学议题的问题;第三,Lynch 与 Cruise 著作的编排是将相对独立的主题松散地组合在一起,从个体的角度上展现一群哲学家或公共行政学者的研究贡献,而本书是因循一组关键性的主题与领域进行内容编排(本书结构概览可见本章最后的表 1);最后,与本书的付印时间相比,Lynch 与 Cruise 著作已经是将近十年前的作品(如果按第一版算,则是二十年前)。总之,本书作者认为,一本探讨公共行政哲学基础、厚度超过学术论文的书籍,在学术界是有需求的。笔者希望本书能够系统性地满足学界的这种需求,并体现一定的新意。

公共行政的哲学基础这一议题,从属于公共事务研究领域内学者对更大的、更广泛的哲学议题进行的一系列有意识的讨论。一些著作(例如,Haldane, 2000)以及专门性的学术期刊都做出了贡献(诸如,*Public Affairs*, *Philosophy and Public Affairs* 以及 *Social Philosophy and Policy*)。但需要注意的是,这些期刊在讨论所涉及的公共事务主题时,倾向于与既有的哲学理论观点保持一定距离,相关议题往往由公共行政与公共管理的研究者(而非哲学学者)来进行讨论,对哲学与公共治理、公共行政关联的构建总体上也是零星式的。

本书所涵盖的一系列研究主题,也在两本值得关注的学术期刊所刊登的文章上有所涉猎,这两本期刊是 *Administrative Theory and Praxis* 以及 *Public Voices*。前者主要涉及公共价值、治理中的社会正义、人类本性、认识论以及其他相关议题,后者则为公共服务的理论与实践研究提供了许多有挑战性的、往往偏离传统的观点与视角。尽管有这两本杂志存在并在哲学议题上体现出独特的关注点以及特色鲜明的研究路径偏好，但从公共治理与公共行政文献的总体情况来看，可以发现，本学科内带有哲学性的探讨，通常会被带入一个特定的分析情景，围绕特定的议题来进行，很少有，甚至不存在一个系统性的哲学反思。并且，学界目前也缺少一本独著来进行这种哲学反思，因而，尚未能在对纷繁复杂的哲学议题与视角进行反思时，体现出更好的逻辑一致性。

然而，哲学问题是无处不在的，几乎会在本学科绝大多数严肃的学术研究中浮现出来。让我们以 Pollitt(2013)的一部有关"情景"(context)对公共政策与管理施加影响的重要编著作为例子。Pollitt 的反思是从一个通常不会被人们所质疑的例子启动的，这个例子是一种知名的管理工具，即全面质量管理(Total Quality Management，简称 TQM)。他的反思先是这样开始的：

> 汽车组装生产线的全面质量管理与老人家庭的全面质量管理(后者是一个社会保障的子议题)之间的相似之处是非常少的。在同一个城镇上，如何组织某一家医院全面质量管理工作，也会与镇上其他医院的全面质量管理工作有显著的差别(Pollitt, 2013:89)。

随后，Pollitt 立刻强调：

> 我说的这些小的案例，背后都存在一个需要细细咀嚼的哲学问题——这些案例所体现的相互交缠的共性是，语义(meanings)和行为(behaviours)之间存在显著的不同。因此，全面质量管理作为概念，确实包含了一组明确的概念含义，但一个特定医院的全面质量管理所包含的是一组特定的行为，而这些行为又与一个汽车组装厂内全面质量管理的行为活动存在明显的差异(Pollitt, 2013:89—90)。

这段话实际上指出，复杂的、广泛关联的哲学议题几乎可以在任何对公共治理与管理领域进行严肃探讨的尝试过程中浮现出来。在Pollitt的例子里，一个哲学议题是关于所谓“共性”（universals）的本质：起源于中世纪的有关“共性”本质的争论，是现实世界中普遍存在的各类概念（概念是人们用来在繁多的个体物件之间指定某一特定对象的工具，例如“人类”、“动物”，以及Pollitt例子中所提到的“全面质量管理系统”）所涉及的一个基础性议题。这个议题所涉及的问题是，以下三种情况何者是正确的：具备共性的概念是真实且作为（理想化）个体存在的；还是，概念虽然是真实的，但其形象是人们通过对一组实物的理性抽象得来的，只有个体是在本质上是存在的（在Pollitt的例子中，这个个体就是某个特定医院的全面质量管理活动）；抑或是，概念原本就是不真实的。有关对共性本质的争论，以及围绕该争论的不同哲学立场，将会在本书第二章进行讨论。这一争论在今天的很多方面与领域内依然被热烈讨论着。重要的是，从很多方面来看，很有可能存在的现实情况是：一个公共行政的研究者对公共行政领域本质的理解，是立足于这名学者在共性本质问题上的哲学立场（这一点的哲学理论基础将在本书第二章展开讨论，并在第四章叙述其在公共行政中的应用）。总之，这一源于中世纪的哲学争论，在今天远没有过时，依然在现实与实践层面有着极大的重要性。全面质量管理这个案例将另一个潜藏的哲学问题推上公共行政研究领域的前台，这个问题即语义（meanings）或理念（ideas），与行为（behaviours），“此时此地”以及业已形成的、反映理念的现实（Actuality）之间的关系。①从这一点来讲，哲学思考或许能够为公共行政议题如何被检验和对待方面提供新的启发。

对于公共行政来说，哲学问题是极为重要的。一些杰出的公共行政学者已经在相关的一些议题中对哲学问题有所涉及。例如，Hood（1998）提供了一个构建精巧的、基于文化人类学的文化分析研究；Schedler与Pröller（2007）对公共管理的多个文化视角进行了探讨（也

① 也就是古希腊哲学家亚里士多德所提出的“实体形式”（entelechy）问题，可见本书第二章。

见 Bouckaert，2007)；以及，Pollitt(2013)的著作集合了一系列研究，处理了公共政策与管理的“情景”问题，并以此对不同情景中所浮现出的一系列哲学议题进行了讨论。随着时间的迁移，学界内部确实产生了一些争论，这些争论从所谓“存在主义的公共管理者(existentialist public administrator)”(Richter，1970；Waugh，2006)跨越到所谓公共行政的“现象学路径(phenomenological approaches)”(Jun，2006；Waugh & Waugh，2006)，总的来看，关注点在于讨论特定的哲学流派能为公共行政做出怎样的贡献。然而，在上述研究成果所深耕的领域之外，还存在一些重要的、尚未被探索的领域，包括：所有和本体论(ontology)、政治哲学以及认识论(epistemology)相关的，同时又与理解公共行政知识相关联的哲学主题和议题，都还尚未成为学界研究的对象。本书希望为公共行政领域与哲学领域的关联提供一个全景图，以填补上述研究空白：这本书的主题是希望完成一个综合性的、可理解的引介工作，且能够系统性地，或者至少较为完整地，为讨论与分析一些重要理论关联——这些关联存在于根基性的哲学议题与当代公共治理、公共行政与公共管理文献中所讨论的一些关键性议题之间——提供一个基础。因此，本书是尝试为解答一个隐藏在众多公共行政学者与实践者思维深处的“大问题”做出贡献，而这个“大问题”是：哲学到底能为公共行政领域带来哪些贡献或助益？

解答这一“大问题”是本书的着力点。在本书提出的研究路径中，研究起点是对哲学思想进行足够广泛的概览。这一任务主要由两个章节来专门完成(参见表 1 所呈现的全书布局)。这个部分所获得的智慧与知识，也支撑了本书其他部分将这些智慧有选择地施用到当代公共行政的重要主题或议题之上(本书第四至七章，同样参见表 1)。

很多已有的研究著作在处理与公共行政的哲学议题时，往往集中关注在认识论(epistemology)的问题上。正如前文所提到的，认识论——有关知识的哲学——确实能够为公共行政提供重要贡献，但这并不是哲学能为公共行政带来的全部助益，本体论议题以及政治哲学议题也同样重要。进一步来说，认识论的议题也不可能摆脱它们与本体论议题、政治哲学议题间千丝万缕的关联,整体性的哲学思考是更有助益的。本书与其他著作的另一个区别在于:通常大多数既有著作的研究路径肇始于对公共行政领域脉络的梳理,然后再讨论公共行政中的哲学议题,并将公共行政学者划归到不同的哲学流派之中(例如,Riccucci, 2010)。本书则以对哲学思想广泛性的概览为出发点,再对公共行政领域进行重新梳理。笔者的主要论点是:围绕甚至超越不同领域,形成的哲学知识以及对哲学的理解,能够为公共行政领域的知识积累与理解构建做出独特而又重要的贡献。

很多其他有价值的研究则着力于应用一个或几个特定的哲学观点来为解决公共行政的某些特定问题提供启发。试举几例:Stout 与 Love 通过阐明哲学家 Follitt 的贡献来为当代公共治理概念的发展提供启示(Stout & Love, 2015,也可见 Ongaro, 2016);学者 Perri(2014)回顾了哲学家、社会学家涂尔干的相关工作;Tijsterman 与 Overeem(2008)比较了黑格尔与韦伯在官僚制与个人自由之间关系上观点的异同。这是一种有价值的推进哲学与公共行政研究的路径,并且,这或许也是唯一一种可行的、有意义的路径,来让公共行政研究进入哲学系统①且不被哲学的纷繁复杂所纠缠住。这些学者在研究时,首先是搞清楚在哲学系统内一个特定的哲学视角应当怎样施用,然后再展示如何应用这个哲学视角所代表的一系列哲学思想来帮助阐明一个特定的公共行政问题。

然而,上述方式的研究过程可能会丢失对哲学体系的广阔图景的认知,以及对哲学内部存在的各种各样联系(这些联系关联着不同的小哲学系统)的认知。只有从更广阔的背景和更长远的角度来研究,很多哲学的关键性思想才可以得到更充分的理解;此时,许多被认为是现代哲学家(或经常出现在公共行政文献中的所谓后现代)的思想,也可以发现应当归功于古代哲学和哲学家。更重要的是,从广阔图景和长期

① 很多哲学理论与哲学流派拒绝将他们的思想限定为一个"系统";笔者在这里对"系统"术语的使用也是不那么严苛的。

视角来进行研究，那些哲学思想才可能得到更好的理解、甄别、审视和探讨。孤立地探究哲学和哲学思想，而不是从广阔的视角出发，可能会导致在将哲学思想施用于公共行政研究时，失去了对不同施用方法以及施用结果细微差别的深度理解。正是因为这些原因，本书采用了与大多数现有出版物相反的研究路径：基于一个扎实的历史视角（从古希腊的哲学源头到当代哲学），本书对哲学思想进行了回顾，并将回顾焦点放在了每个哲学家的本体论观点上；之后，本书在更为广阔的哲学视角的支撑与启发下，重新思考了公共行政研究的流派，尤其是公共行政领域的研究问题与不足之处。[①]通过从广阔历史图景出发（而不是只挑选一个或几个特定的哲学路径）的哲学阐述，笔者希望本书能够帮助读者（公共行政的学者、学生以及实践者）获得一个更为宽广的视角，来获知哲学如何来帮助我们理解公共行政、公共管理与公共治理。

综上所述，就笔者所知，目前学界还没有一本独著来系统性地介绍哪些哲学议题对于公共行政研究来说是基础性的。笔者希望本书能够填补这个空白。因此，读者在阅读时将会首先看到两个章节（第二章与第三章）从历史角度出发，对哲学思想进行广泛的回顾。这两个章节后，才是讨论如何将对哲学智慧的理解应用到当代公共行政的主题与议题之中（第四至七章）。在本书的结尾部分，笔者还讨论了在处理公共行政领域与哲学思想之间的关系问题时可能使用的其他方法。

尽管如此，应该强调的是，本书只是对哲学与公共行政研究的一本引介性质的著作，目的是为那些希望更加深入本质地探索哲学思想的特定流派，以及这些流派对特定公共行政领域（包括公共治理、公共政策与管理）发挥怎样影响的学者提供有价值的帮助。最重要的是，本书的目的是为读者——公共行政的学者、学生和从业者——提供帮助，帮助他们把握哲学知识的整体图景，并将公共行政领域有关哲学视角的

---

① 从这个方面来讲，这也非常不同于分析哲学（analytical philosophy）与分析哲学家的研究路径。

争辩与讨论放置到更广阔的、延续了两千五百年的哲学思想发展之中。用更具一点争议性的话来阐述本书的观点：笔者设置的一般性假设认为，一些后现代哲学家提供的那些最为新鲜的哲学“喟叹”，或许能够不错地激发人们的反思，但这些新知并不能够替代另一种知识，也就是人们通过对过去哲学思想（从亚里士多德到康德，从前苏格拉底时期到当代各流派）的系统性阅读①所获得的洞见。

二 定义：哲学

不过，什么是哲学呢？为什么哲学对于公共行政至关重要？毫无疑问，这两个问题并不好回答。解答这两个问题，一个好的起点或许应该是让人们明确：哲学——与科学下属的各类学科不同——并没有一个明确的主旨对象（subject matter）；取而代之的，这个学科主要是涵盖了一些关键性的问题与主题，例如（Kenny，2012）：

- “何者存在”：形而上学/本体论与神
- “我们是谁/我是谁”：灵魂与意识
- “如何生活”：伦理与道德（价值论）
- “如何共同生活”：政治哲学
- “如何致知/所知为何”：有关知识的哲学/认识论

通过哲学过程来获得理性知识和对现实的理解，也就是对理性推论科学（science of reason）的应用（λόγοσ[logos]是古希腊语，指“推理”或“言语”，也就是通过语言来理解现实的能力），这是哲学的终极本质。哲学思考活动的结果是对一个主旨对象更加深入的理解，而不是知识的扩大化。在使用古希腊语的古代人群那里，他们将人的“天才”归功

① 本书对哲学史“系统性阅读”的准备，是建立在笔者获得了优质的理论手册（handbook），使笔者有机会阅读手册中的综述性文章。这是因为，历史上那些哲学巨擘在论述其思想时，原文中直接提出问题时所体现出的文字上的悲剧意味并不是本书关注的内容。因此，阅读综述而非原文是可行的。

于哲学的创造。古希腊语中的哲学,“φιλοσοφία”,用当今语言翻译过来,是“热爱智慧”的意思——出于对智慧的无比热爱而去追求知识,而这种爱则扎根于对现实的充分理解。

哲学源于人类对总体现实有更深理解的需要,也源于人类对一系列问题的追寻:为什么是存在而不是虚无?我为什么存在?总体现实是什么,它从何而来,为何而来?正是人类面对着总体现实生发出惊奇与叹服,才产生了哲学和哲学思考。哲学的本质,以及哲学与其他特定学科在知识获得上的差别,为哲学带来一个独有的特质:哲学不存在获取某一类特定信息的所有权或使用权的需求。为进行哲思,人们并不需要去整理收集一些特定的数据(例如,通过实验、调查或者研究未公开的文献资料):“哲学不是去增加知识积累,不是发掘这个世界的新的事实;哲学家不占有具有排他性的信息。哲学不是有关知识的事务,它是有关理解的事务,也就是如何在大脑中组织人们已经获知的知识的事务。”(Kenny, 2012:x)。尽管哲学始终与那些通过短时间知识积累来获得研究发现的各式各样学科保持对话,但哲学这门学问最终是基于日常经验的。①

事实上,可以从某些方面认为,所有特定的学科都来自哲学,是随着时间的推移从哲学学科上剥离下来的:

> 很多学科在古代和中世纪是作为哲学的一部分,但到如今,它们成为独立的学科为时已久[……]但或许,没有任何科学概念已经被完全阐明,也没有任何科学方法是完全没有争议的:如果是这样,那么每一门学科中总是留有哲学的元素。只有当问题可以毫无疑问地被表述出来,概念被毫无争议地标准化,寻求解决方案的方法也在人们之间达成共识时,我们才为一个学科独立地划定了它的家园,这个学科不再是一个哲学分支(Kenny, 2010:x—xi)。

① 值得注意的是,哲学的一个特征让撰写本书成为一项成本更低的工作——哲学本质上是一项“坐在轮椅上的运动”(armchair exercise)。

与此同时，哲学也在整体上关注着现实世界。社会科学是来源于哲学的一组学科：例如，经济学最初属于道德哲学，之后作为一门独立的（尽管远非没有争议的）学科划定了自己的家园。随之而来的一个现象是值得注意的：当一个学科远没有将它的研究问题毫无疑问地表述清楚，也远没有将它涵盖的概念毫无争议地标准化时——这种情况几乎是被学界全体认为是符合公共行政发展现状的（Raadschelders，2005）——那么这个学科与哲学的关联也就更强，前面提到的尚未被解决的所谓“哲学残余”问题也会显得更加突出。事实上，公共行政被学界定义为有关政府的跨学科研究（这一观点来自沃尔多 1948 年和 1984 年的相关著作以及 Frederickson 在 1980 年、Marini 在 1971 年的著作）。按照这个观点，公共行政并不是一个学科，而是一组规范的研究路径，旨在增进我们对政府行动的知识与理解——这种观点下的公共行政，本质上远离了一个术语表述无疑问、概念标准化无异议的学科身份（有关公共行政的学科性质将在本章之后的部分进行讨论）。这也让公共行政更进一步地贴近了哲学。因此，学界需要更多的对公共行政领域发展的哲学性反思。

哲学也接近于艺术（art），尤其是它与艺术作品集（canon）关联很大，非常类似：哲学没有特定的主旨对象，而是拥有一套独特的研究方法（Kenny，2010，xii—xii）。在这里，我们也可以观察到哲学与公共行政的密切联系。公共行政既是一门“科学”（尽管在其内部表现出高度的碎片化），又是一门“艺术和专业（profession）”，这种“双重性质”的特征被学界广泛认为是确实存在的：这一特征也进一步支持了一类观点，即公共行政可以在很大程度上从对哲学的重新审视中获益。从这个意义上讲，艺术，尤其是“政府的艺术”，是与哲学深度绑定在一起的。因此，作为艺术和专业的公共行政——以及参与到公共行政实践中的许多相关艺术和专业领域——或许都可以通过对哲学思想的重新审视来获得人们对这些艺术与专业的更深刻理解。从这个意义上说，我们认为哲学可以为作为一门科学的公共行政提供帮助，也可以为作为一门艺术和专业的公共行政——一种通过行政活动实现治理的艺术与专业——提供帮助。①笔者认为，哲学知识和洞见是公共行政广泛理论图景的组成部分。

在我们讨论公共行政的性质之前，另一个关于哲学本质的问题也是值得讨论的："哲学是否存在进步"这个问题的答案是什么？事实上，我们可能会注意到，哲学中似乎存在着一个循环现象：扩展一套哲学体系或检验新哲学问题的努力，最终却会引领我们回到旧有的哲学问题。阿尔伯特·爱因斯坦，这位现代物理学的巨擘，他把哲学和哲学体系比作书写在纸上的蜂蜜：当人们第一次思考哲学问题时，哲学似乎是浩瀚广大、不可思议的；但当隔一段时间，人们重新回到曾经思考过的哲学问题时，就会发现，这些问题已经消解，但留下来的是如同蜂蜜般的智慧精华——也就是"现实"和围绕它所永久存在的哲学问题。那么，前面提到的那个"哲学是否存在进步"的问题，其答案是完全否定的吗？笔者认为应当给出部分否定的回答。根据 Kenny(2010：xii—xiii)的研究，回答这个问题时人们需要注意到，哲学可以为新出现的社会偏见与错误提供解决办法：也就是，哲学本身可能是不会进步的，但不断地回到哲学，能够为那些在不同历史时期以不同形式出现的人类智慧发展的困惑提供有效的解决办法。我们这个时代所存在的一个偏见，是将人的思维比喻为一台计算机或者一部信息处理器。鉴于 20 世纪下半叶以来计算机科学的发展和影响，我们可以理解这种偏见产生的根源。然而，几个世纪以来的哲学家在试图理解思维的本质时，是将他们的注意力集中在其他方面。他们这样做的原因大概也是比较充分的：思维是关于认知与自我认知的；思维是主体探寻自己的位置，而不是以外界的客体为标杆；思维是有关意识(intentionality)的，等等(参见第二章和第三章对思维概念哲学基础的讨论)。从哲学角度来看，思维不仅仅

① 为什么我们需要研究哲学的历史？这一点或许值得我们去深入思考。正如 Kenny 所指出的，"有很多原因，但这些原因可以划分为两组……一种是，我们通过阅读其他时期的哲学文献来帮助我们解决人类长久关切的一些哲学问题，另一种是，让人类完全进入一个过去时代的智慧世界(Kenny，2010，ix)"。这本书明确选择了前者。笔者在哲学思想中的探寻最终是希望能够帮助人们解决他们所调查与实践的领域(例如公共治理与公共行政)中生发出来的问题。

是信息的处理器，对思维本质的任何理解，都必须比“计算机”这个比喻更广泛一些、层次更深一些。[①]在另一个更根本的层面，对“哲学是否有进步”问题的回应是认为，新的哲学巨匠在历史的不同时期不断出现，他们为哲学不断引入新的视角，以对根本性的哲学问题进行重新设问和讨论(即使没有提供解答)。这也为后来人从概念层面更好地解决“理解现实世界”这一根本问题提供了新的“钥匙”。例如，如果将哲学家康德提出的“认知主体的革命(revolution of the knowing subject)”(即一个“存在”属于何种存在，取决于认知这个存在的主体，而不是存在本身。他的哲学思想会在第三章进行深入讨论)认定为哲学的“进步”，尤其是这种进步是被定义为“知识的积累”的话，那么可能会有很大的问题(因为康德的哲学并没有为之前的哲学增添新的东西，而是对旧哲学提出了挑战)。但是，康德的理论代表了一种原创的、振聋发聩的哲学研究路径，这种路径拓宽了本体论与知识哲学的思想库，也作为一种长久性的、补充性的哲学思路，留给后来者继续进行哲学思考。因此，尽管在如何断定哲学实现了知识积累(以及在何种程度上实现了)方面，存在着很大的争议(因为做出这个判断，需要有毫无疑问的研究目标定义、研究问题表述以及方法上的共识，这些条件才能够确定一个独立学科的存在，然而学科满足这些条件时，也就不再是哲学了)，但我们谈论哲学存在某种形式的“进步”也并非一件不妥的事情。

现在，是时候来简要地介绍并讨论本书的另一个重要主题：公共行政。

---

① 一个反对性的观点认为，信息和通信技术的发展将帮助人们更接近一种可能性的真正实现，也就是，在某种形式或意义上，(人造的)“机器”也可能获得自我意识(这是一个宏大的研究与技术创新流派，该流派通常是以“人工智能”的身份为普罗大众所知)。但是，正如哲学家普罗提诺和黑格尔分别在一千九百年前和两百年前所提出的观点所述，哲学家是(试图)解释自我意识是如何在普遍尺度上产生的，以及它对总体现实意味着什么。从哲学的角度来看，机器获得自我意识的这种事实，虽然很明显会产生巨大的伦理和实践问题，但这一事实不会改变哲学问题的基本论述，即从普罗提诺和黑格尔的哲学角度来看，哲学关注的问题是“自我认知和意识是不是事物存在的前提条件”。因此，从某种意义上说，基于人类思维的哲学思考或许能够帮助人们看到远景，甚至能够帮助人们较好地应对那些由技术革新带来的极为惊艳但又充满危险的变化。

三　定义:公共行政

人们对公共行政、公共管理和公共治理所下的定义数不胜数。不过,学界普遍认为(如,Dunleavy & Hood, 1994; Ferlie et al., 2005; Ongaro & van Thiel, 2017a, 2017b; Painter & Peters, 2010; Perry & Christensen, 2015; Pollitt, 2016; Raadschelders, 2005),根据公共行政本身的主体性质,它可以被看作一个主旨对象,而不是一个独立的学科。公共行政被认为是"多学科的(multidisciplinary)"或者"跨学科的(interdisciplinary)"(两个概念之间的差异在于,那些将公共行政定义为多学科的学者强调,将不同学科知识应用到公共行政研究领域后,这些不同的发现之间缺乏彼此的关联;而乐于将公共行政定义为跨学科的学者认为,公共行政领域内跨学科的努力确实使不同的研究发现在相互融合的层面取得了丰硕成果,这些研究发现的融合也推动了公共行政领域的发展)。一个学科通常关注于一种自然或社会现象(或其某个方面),以及研究这种现象的一类或一组方法(正如我们通常确定由经济学来研究经济现象,地理现象则进一步分为自然地理和人文地理来进行研究,等等)。但一个主旨对象(subject matter)则是被定义为一个被关切的研究领域。公共行政可被定义为:"一种多学科的、致力于政府方面的研究,目的是创造一些能够改进政府实践的洞见"(Bauer, 2017)。公共行政的关注点也被一些学者限定在法律的准备、颁布、实践与执行过程范围之内(见 Pollitt & Bouckaert, 2011),这种限定是考虑到公共行政的一个特有性质,即韦伯理论认为,现代公共行政是在法治条件下的活动,法律是行政权力的合法性来源,而不是个人魅力或者传统习俗(Rosser, 2017)。①

对法律作用的强调也使公共行政(public administration)有别于

① 官僚制是在政治实现了支配的条件下存在的。

“公共管理”（Public Management，涉及公共组织资源消耗与成果产出之间的关系）；从这个角度来讲，公共行政和公共管理是同一研究领域的不同映射（见 Dunleavy & Hood，1994；Pollitt & Bouckaert，2000，2004）。最后也是极为重要的一点是，公共治理（public governance）是一个特定术语，用来表示公共机构引导社会发展的一种更广泛的过程。这个过程中的公共决策活动会吸纳非政府部门的行动者，而不是对政府权威性决策以及传统行政过程的加强（Pierre & Peters，2000；Torfing et al.，2012）。治理概念也涵盖了一个特定的政治体制内所存在的更为广泛的正式与非正式的规则、习俗、管理和信仰。除非另有说明，本文随后会将公共行政、公共管理和公共治理统称为“公共行政”。

学者（至少在公共行政的研究者那里）一致认为，公共行政是一项跨学科的研究与政府实践活动，而不仅仅是一个单一的、只关注政府某个方面（政治、经济、社会或其他）的学科路径。一些学者指出，目前不同学科对公共行政发展的贡献还是有局限性的，因而，比起“跨学科政府研究”的说法，他们更愿意把公共行政称为“多学科的政府研究”（例如，Bauer，2017）。而另外的一些学者则强调，公共行政有着跨学科的发展状态。他们认为，公共行政的根基以及重要性都受益于（而不是受损于）这种状态——这在另外的方面则意味着，公共行政的特点，即其学科领域是由一个主旨而非研究方法确定，为这个学科带来了益处而非损害（Raadschelders & Vigoda-Gadot，2015）。有一种说法强调：因为公共行政的跨学科或多学科性质，公共行政在认识论和方法论上缺乏共识。而相反的观点则认为，因为公共行政的跨学科状态——因为公共行政本身就是需要跨学科的①——相比那些基于范式（paradigm-based）的学科，公共行政为人们提供了一个更为综合全面的对政府的理解（这里的“理解”与“知识”是有区别的）。这是因为，基于范式的学

① 公共行政需要能够有意识地、广泛地将不同学科所发展出来的概念与理论整合、联系起来（Dogan，1996）。

科在概念本质上只能“看到”政府的某个侧面①(在某种意义上,这也是学科在范式和方法上获得共识后,所必须付出的“有损认知”的代价)。从这个角度上来讲,公共行政是从跨学科或多学科角度对政府进行的研究,目标是创造实用的知识。

那么,建构了公共行政并提供“养分”的学科是有哪些呢?有三个学科被普遍认为是必须提及的:政治科学(political science),管理学(management)以及法学(law)。

政治科学是针对不同政治系统及其之间互动关系所开展的社会科学研究(对互动关系的研究通常被称为“国际关系”,尽管一些发生在诸如欧盟这类政治系统间的互动关系只能部分地从传统国际关系的视角来进行理解)。该学科通常涵盖了从动员性政治到政治机构运作再到公共政策的整个政治过程。动员性政治(politics as mobilisation)包含了政治身份构建过程、政治系统归属感的创造或削弱过程、政党政治的动态过程、选举系统的机制、(民主政体中)选战的动态过程以及(非民主政体中)政党或群体获取社会权力的其他形式过程。针对政治机构的社会科学研究包含了权力运作的三个主要分支,即政府(执行政治),立法机构(立法政治)以及司法机构(司法政治)以及三个机构之间的多重互动。对公共政策的分析包含了政策的动态过程以及参与这一过程的全部行动者,无论这些行动者是来自公共部门还是私人部门。例如,某些政策分析框架强调“倡议联盟”(advocacy coalition,见 Sabatier & Jenkins-Smith, 1993),另外一些政策分析框架则突出政策子系统(policy sub-system,见 Baumgartner & Jones, 1993)。传统上讲,政策过程被划分为多个阶段:从议程设置起,到政策选项的甄选,到作出政策决定,再到政策执行与公共服务提供。这种政策周期的认知比较理想化,但对理解政策过程而言确实实用(Kingdon, 1994)。在整个政治过

① “概念与理论上的多学科性造就了公共行政在认识论和方法论上的多样性,这也意味着,从本体论上来讲,公共行政研究不得不是跨学科的。公共行政也是唯一的一个学科,其领域的学者宣称是从一个整体来研究政府(而不是某一个确定的学科层面)”。(Raadschelders, 2008, p.944).

程的各个阶段,公共行政都是非常重要的:公共治理与公共行政在政治动员以及公共机构的运作(不仅仅涉及行政权力机构,还涉及立法与司法权力机构)中都扮演重要的角色。不过,人们在习惯上通常认为公共行政与公共管理更贴近公共政策领域(这里面也有学术界制度化活动的原因,因为很多学校的相关院系都被称为"公共行政与政策系/学院",或者使用类似的表述)。公共行政关照的是公共政策在整个政策周期内的形成,而公共政策体现了行动中的公共行政。

在本书中,笔者将政治科学领域的"地平线"扩展到了哲学的一个分支,也即政治科学的起源之地,政治哲学。本书第五章,笔者特别探讨了一个基础性的争论议题:"是什么让一个政治系统或者公共治理系统拥有合法性?"其他的哲学分支对于政治科学本身以及政治科学对公共行政的促进作用来说也是非常关键的,尤其是在本体论、认识论与伦理等方面。在利用本书第二章与第三章呈现了主要哲学流派后,笔者专门在第四章对上述问题之间的关联进行了回顾讨论。

管理学是建构了公共行政的第二类学科,该学科在公共行政领域特别关注公共组织的资源消耗与成果产出之间的关系,以及何为政府活动改良过程中的决定性问题。根据意大利公共管理学派领军人物Borgonovi(1973, 1984)的观点,公共管理应当在整体上被看作是管理学科的一个组成部分,同时也是管理学科的三大支柱之一。制度主义理论的出发点是:社会是三类机构交织而成的三重代表,这三类机构即商业机构,政府机构和家庭及第三部门组织机构。公共管理是管理学的三个主要分支之一,与商业管理(即与第一类机构商业机构的管理相关)和家庭及第三部门组织(第三类机构)的管理相并列。公共管理是对第二类机构(公共机构,在英语文献中则更经常指代为"政府")经济方面的研究。从这一方面来讲,在二战之后,公共管理学科的发展一直从私人部门管理领域(而不是其他领域)汲取知识养分。这一养分汲取现象的出现是具备一定偶然性的(如今,私人部门管理研究领域有着更多的学者和更多的资源投入,但在20世纪的上半叶,情况却并非如此;公共管理向商业管理学习的状况可能也会在未来发生逆转)。在私人部门与公共部门管理之间，并不存在一个上位的或者从属的关系，两者的根基是相同的。从这一点出发的话，对公共行政的研究会趋向于与公共管理研究相重叠（一个可能的批评是，公共管理存在对某些特定方面的强调，例如绩效的效率标准、有效性标准和经济性标准，会不利于公共行政领域其他方面内容的发展）。此外，组织科学（organisation science）也为公共行政的发展做出了与管理学高度相关但又不同的贡献（Christensen et al.，2007；Christensen & Laegreid，2017；March & Olsen，1995，1996）。

经济学（政治经济学）对公共行政发展的贡献或许可以放在一个特别的位置上。经济学学科的贡献主要彰显在所谓“公共选择理论”（public choice，指对公共配置决策的经济性研究）的部分。在这里面，尼斯坎南（1971，1973，1994）与邓利维（1991）的学术贡献较有影响力。Tõnurist 与 Bækgaard（2017）的著作对经济学学科在公共行政领域的影响力、贡献以及在公共行政期刊中的出现情况做了一个综述。

上述三个学科（管理学，组织科学与经济学）的一个中心问题是，他们都研究的是个体与组织之间的关系。在本书中，笔者将回顾一些围绕个体与组织间管理的基础性议题，这些议题在管理学科、组织科学学科和经济学学科的文献中都有过探究。笔者的工作是采纳了一个整体性的哲学视角，对哲学思想的主要流派进行了概述（见第二章与第三章），并分别从形而上学视角、康德学派视角、以存在主义为代表的现代哲学视角（可见有关存在主义公共行政者方面的正义）、结构主义与现象学视角等方面出发，重新讨论了公共行政的问题（第四章）。

法律——尤其是公法、行政法——是对现代公共行政发展做出关键性贡献的学科。Dragos 与 Langbroek（2017）在他们针对法学为公共行政所做贡献所做的文献综述中，提出：“有一件事实应是毫无争议的，即作为一门学科的公共行政，它的存在要归功于律师们——律师在 19 和 20 世纪发展了公共行政这个学科，尤其是在欧洲大陆国家。”尽管这种说法值得商榷，但法律与律师对公共行政发展的重要性是不应被低估的。Dragos 与 Langbroek（2017）继续指出：“直到 20 世纪的下半叶，特别是在赫伯特·西蒙的引领下,公共行政的研究才在社会学与组织理论的作用下转换了研究焦点,产生了日益增进的讨论公共管理而非公共行政的趋向。”这两位学者认为,时至今日,律师主要关注于:法庭审判与判例之中与行政过程相关的司法活动 ;这些司法活动对行政活动的影响;司法部门对公共行政的监管;司法解决公民与行政的冲突问题。如果说,如今法律与公共行政之间已经发生分离,或者说至少发生了疏远,那么法学与其他研究公共行政问题的学科之间是否还有可能重建彼此关联的桥梁(这样来使得公共行政能够变得更加跨学科,而不仅仅是多学科)? 最近出现的与此相关的研究趋势或者说潮流,旨在力求结合法学与其他学科的力量,来探究公共行政中的“去管制”与“更好的管制”问题。在另一个层面,或许能够帮助学界重新关联法律与公共行政(尽管这一点并非没有疑问,需要商榷)的新对象是“善治”(good governance),这也是一些国际组织(例如世界银行)特别推崇的概念。

本书并不直接讨论制定法(positive law)①对公共行政的贡献,更不必说,也不会涉及自然法(natural law)、启示法(revealed law)与公共治理间的关系。不过,本书会基于古典哲学家的思想,检验实然(is)与应然(ought)的关系,检验“现实是什么”与“现实理应是什么”的关系(即哲学意义上的现实面与规范面,可见 Rutgers, 2008)。这一点也是法律应用到公共行政的关键性根基。

自从马克斯·韦伯的重要研究(Weber, 1922)问世后,社会学也被广泛认为是建构公共行政的学科之一。诸如,涂尔干发展的社会学框架(Perri & Mars, 2008; Perri, 2014)以及社会机制等社会学概念在公共行政的研究与分析活动中被广泛应用(Hedstrom & Swedberg, 1998; 社会学框架与概念在公共行政中的应用见于其他一些文献(如 Asquer, 2012; Barzelay & Gallego, 2010; Mele, 2010; Ongaro, 2006

---

① 制定法(positive law)是指由人设机构和人的活动创造的法律及法律系统。自然法(natural law)是哲学与法学的一个分支,讨论的是构成人类本身的权利与义务的存在性与内容,这些权利与义务属于每一个人类个体,与立法活动无关。

& 2013)。鉴于社会学就算不是“社会科学之王”，也属于社会科学的基础性学科之一，社会学领域的争论也并不意外地会探究到一些终极的哲学问题，至少包括对我们应当如何理解“时间”的讨论（见 Abbott，1992a，1992b）以及对潜力（potentiality）、现实（actuality）等概念的讨论。这些主题也会在第四章从哲学视角来进行讨论，并检验如何应用到公共行政领域。

公共行政研究中还涉及了很多其他的学科，比如心理学、认知心理学（该学科尤其对最近几年复兴的所谓“行为公共行政学”，即 Behavioural Public Administration，产生了巨大的影响，可见 Grimmelikhuijsen et al.，forthcoming；Tummers et al.，2016；Olsen et al.，2017；欧洲公共行政常设研究小组，即 European Group of Public Administration，特别是 the EGPA Permanent Study Group，也表示会致力于这一主题的研究，参见 Dunlop & Radaelli，2017）、文化人类学（在公共行政领域应用文化人类学理论的一项代表性研究来自 Hood 于 1988 年发表的文献）、人文地理学以及历史地理学（Raadschelders，2000；Rugge，2012）。

与管理活动及公共政策相关的公共行政实践活动所涉及的学科领域就更多了：从公共经济学到犯罪学，从工程学到建筑学，从信息学到药学，等等。事实上，公共行政不仅仅是一门科学，从地位与建构的角度上讲，也同时是一门艺术和一门专业（Frederickson，1980；Frederickson & Smith，2002）。公共行政首先是需要实践的，并且，从这个意义上来说，“公共行政或许最好被视为一门专业，像药学或者工程学那样，首先将其研究志趣放到工具性的知识之上。因而，公共行政的目标应是在最广泛的层面使公共管理活动实现最优，例如，让国家的活动尽可能地体现出合法性、公平性、有效性和效率性”（Bauer，2017）。

从历史上来看，很多国家的公共服务系统（如英国）都主要在人文方面对公务员进行训练。公务员被认为是公共行政实践的新手，他们所需要的主要技能是在普遍文化的层面，需要他们在岗位上、在实践过程中学习获得。哲学的、历史的、人文的文化被认为是公共服务中的关键部分。支撑这种观点的深层次理念认为，人的理解（understanding）要优先于（技术上的）知识。这也是一种关于公共行政研究的观点，该观点认为，公共行政研究的重点应放在理解而不是学科性的知识上，中心任务是为通过“理解”来为不同的知识和人类活动构建关联，并将解释性的知识（解答为什么和是什么的问题）与规范性的知识（解答应当是什么的问题，如公共行政应该做什么）关联起来。从这一方面来讲，我们需要求助于哲学理解，因为是人们对哲学的理解在根本上支撑了公共行政的理论与实践，进而连接了专门的知识与专业活动。本书的首要目的就是要吸引公共行政的研究者与实践者将更多的注意力投入哲学这个基础性的层面。①

从这个意义上讲，这也涉及一个老生常谈的问题：政府的人员队伍是需要“专才”（specialist）还是“通才”（generalist）（以及，公共行政研究者是应当成为专才，以保证他们能够研究得足够深入，并在他们选择的主题下创造新的知识，还是成为通才以保证他们有宽广的视野，并有能力将不同的知识进行有效的串联）。笔者对这方面问题的回答是“两者都要”——但是要做一个重要的解释是，特别是在更高的层面，相较于专才，通才能够创造一种无价的贡献：虽然通才有可能对知识“一知半解”（Dogan，1996：99），但专业化会导致知识的碎片化。理解能力是公共行政克服碎片化、获得更好发展的基础要求。通才的技能包括：

> 关于政府系统和相关政策领域的丰富知识[……]关于不同组织条线和人员单位内部的知识与经验，对政治敏感性的了解，对政府与社会互动本质的深度理解，以及感知各类社会发展潮流的能力（Raadschelders，2005：618）。

---

① 在笔者准备本书的提案时，笔者碰巧在一次重要的公共行政会议上听到了一场演讲，演讲者是某个欧洲大国的国家行政学院院长（该校开设了大量的公务员培训项目）。这位院长大力强调（并且是完全自发性地）将人文与哲学内容纳入到公务员职业培训项目的课程体系之中。尽管这显然只是一个逸事性质的旁证，但这个故事很好地证明了一个观点，即经历了几十年强调技术工具和成品化解决方案的行政改革后，一种被强化的意识（重新）出现了，即要对公共行政活动有更广泛的理解。

研究公共行政需要通才，即那种“能够建立起理论框架，将来自各种渠道的有关政府的知识串联起来的学者”(Raadschelders，2005：622)。想要通过努力，有效地实现串联知识的目标，就需要学者对哲学知识的有掌握和理解。

最后，作为本书的研究对象，公共管理的重要性无论怎样强调都不为过。直白地讲，“一旦人们从游牧部落成员状态转为生活在一个想象的社区(imagined community)的个体时，政府、法律与行政就成为人类生活中的既成事实”(Raadschelders，2005：604)，而公共行政是人类创造美好生活必须仰赖的重要对象之一。

四 本书的局限性

本书依然存在一系列的局限性，笔者有义务将这些局限性告知读者。本书的第一个局限来自本书研究目标的“硬币另一面”：本书所覆盖的知识领域非常宽广，将研究关注点从原本就活跃而丰富多样的公共行政领域扩展到了过去两千五百年所创造的极为广大的哲学思想、理念与知识之上。所以难以避免地，本书的研究主题是经过挑选的，有很强的主观性。虽然为了撰写本书，笔者在准备阶段进行了非常广泛的阅读，但本书对公共行政相关文献的综述，最终很可能依然是笔者建构出的图景，而非完全系统性的反映。

第二个局限在于本书主要关注西方哲学。确实，按照部分哲学史学者的观点，今日之哲学包含了理性知识、对现实的理解以及逻辑推理科学(如 λόγοσ)，这种哲学被普遍认为是起源于古希腊哲学家们天才般的智力创造，之后在整个西方文明中扩展开来(Reale & Antiseri，1988)。然而，从最宏大的视角来讲，所有的人类文明都会产出某些形式的哲学理念。如果通过全世界学者的共同努力，在不同哲学流派之间建立起交流的桥梁，这能够为我们理解当代的公共行政带来很大的助益。不过，审视其他文明的哲学传统(例如，伊斯兰哲学或者东方哲学）确实超过了笔者的能力范围。尽管非西方哲学领域的部分理念在本书中略有提及，但本书并没有尝试系统性地总结非西方的哲学理论——这一任务留给其他学者在其他著作中完成。本书的关注点还是西方哲学思想。笔者希望在未来能够看到熟悉非西方哲学的学者同行——延续前面举的例子，如伊斯兰哲学或东方哲学——来付出和笔者类似的努力，对非西方哲学进行系统的叙述，从而在更为广阔的范围内，与本书一起，共同为哲学思想在公共行政与公共治理领域的应用添砖加瓦。

重要的是，本书的全名是《哲学与公共行政：一个简介》。署名中的第二个部分——“一个简介”——指出了本书的又一个内在的局限性：鉴于本书关切主题的深度与广度，本书只能是简介性的，对相关理论进行一个非常宽泛的综述，并且希望能够从尽量广的范围内提供一些有价值的洞见，来说明如何将哲学思想应用到公共行政的领域。但这些洞见在笔者看来只是一些起点，后面需要学界启动更多的、聚焦式的研究与反思，以深入探究某种哲学思想对公共行政的启示。笔者只希望本书能够在管中窥豹的层面表达出一定的见解。

五　本书的研究方法

到了本章的这个节点，读者或许会针对本书的研究方法提出一个重要的问题：我们——或者说本书的笔者——怎么能够了解哲学和公共行政，又能够了解到什么东西呢？笔者将以此解答这些问题——同时也要向读者致歉，这个部分因为个人的因素，有一点小小的离题（您可以没有顾虑地跳过这个部分，直接进入本章的最后一个部分“全书概览”或者从第二章开始进入主体章节）。

撰写本书的想法源于笔者在意大利求学时，因选择了哲学作为第二专业而对哲学产生了长久的兴趣。随后，笔者逐渐意识到，哲学对于生活的各个方面都是极为重要的，对于我所选择的专业领域（公共行政)也是非常重要的。之后,笔者转向修读公共管理相关的学位①,并很快开始致力于进行公共行政与公共管理研究。本书的构想则要追溯到二十多年前,当笔者开始进行公共行政研究时,在笔者的内心深处一直深埋着一个观点,即"哲学对公共行政研究与实践至关重要"。从那以后,笔者一直保持培养我对哲学的兴趣。在最近一段时间,为了准备本书的撰写,笔者广泛阅览了哲学文献与期刊文章(这些期刊包括*Australian Journal of Philosophy*, *Canadian Journal of Philosophy*, *European Journal of Philosophy*, *Inquiry*, *Journal of the American Philosophical Association*, *Mind*等等。还包括哲学专门领域的一些刊物,例如伦理学与美学领域等,刊名不再赘述)。当然,笔者也尽量广泛地阅览了公共行政领域对哲学基础有所探讨的文献,这些文献在全书中都有引用。

在撰写书稿的过程中,笔者除了持续地与公共行政、公共管理领域的同行交换意见外,还就书稿的部分章节,向哲学研究领域的许多资深学者征询过建议——特别是伦敦国王学院的Maria Antognazza教授。跨越学科的学术论述——特别是跨越那些业已形成边界的学科与领域——总是一件充满挑战的工作。在撰写本书的"旅程"中,笔者所收获的友善建议使笔者受益良多。毋庸讳言,本书如有错漏,文责自负。

总而言之,本书是由一位公共行政领域的专家学者,同时也是一名哲学入门爱好者(从20世纪80年代开始就一直保持着这一身份)撰写而成。笔者的愿望是打开一条研究路径,激发和孕育出有关哲学知识基础及其在公共行政研究实践中应用的必要争论。本书所开启的工作,在未来一定能被更为优秀的公共行政研究者以及"专业"的哲学家发扬光大。不过,本书还是希望能够成为有价值的"建筑材料",为后续成果更为丰硕的学术讨论"铺路",从而推进我们对公共行政的理解与知识积累。

---

① 我曾获工业工程专业的理学学士与理学硕士学位,毕业论文主题为公共部门的会计业务管理与控制;在伦敦政治经济学院获哲学硕士学位,在伦敦国王学院获哲学博士学位,毕业论文专业都是公共行政与管理。

六 全书概览

相较于其他讨论哲学问题的公共行政研究文献,本书采纳了一个较为不同的研究路径。本书并没有先从一个特定的公共行政主题或议题开始,然后通过选择性地诉诸某个哲学理论,并探究这一理论是否能够帮助解决公共行政问题;本书也没有从某一个哲学家的理论思想出发,来讨论其思想是否能够应用到公共行政问题。本书的起点是对哲学理论做了一个尽可能宽泛和系统的综述。在这个综述的基础上,本书的其余部分讨论了如何系统性地利用哲学思想,来为人们更深入、更具有弹性(suppler)地理解公共行政当代研究做出贡献。

表 1.1 反映了本书的结构,展示了笔者在全书内容上的选择。本章之后的两章首先深入探究了西方哲学的根基,包括希腊哲学、中世纪哲学以及早期现代哲学思想(第二章),然后转向现当代哲学(第三章)。不过,这两章依然强调与公共行政主体的关联性,这一点也体现了这两个章节与全书撰写目的的一致性,即主要服务于公共行政领域的读者。第四章是十分重要的,该章将第二、三章通过综述所获得的研究发现应用到了公共行政的主题与议题之上。第四章的主要关注点是本体论与认识论问题。第五章则从认识论问题转向了公共行政的政治哲学基础,深入探究了在政治系统合法性方面的两种基础性理论,即"公共产品"(common good)观点和"社会契约"(social contract)观点,以及这些观点在公共治理领域的应用问题。第六章回溯了三位经典哲学家的研究:安布罗吉・洛伦泽蒂(Ambrogio Lorenzetti)、马基雅维利(Niccolò Machiavelli)以及托马斯・莫尔(Thomas More)。这三位哲学家的研究将伴随读者探究公共行政的三个方面,即社会美德的角色、政治现实主义的争论以及乌托邦思潮的长久启示。这三位哲学家的理论也会引导读者思考一些重要问题,例如人类本质的永恒性(immutability)及其对公共行政研究与实践的启示。最后,本书第七章将所有的讨论线索

汇总起来，面对哲学为公共行政的智慧传统所做的贡献，探讨这一贡献的本质为何、类别为何——是科学知识的创造，还是理解解释的活动，抑或是实际经验的积累、实践智慧的获得。

表 1　本书总体结构与顺序

第一章　本书引介与原理阐述	本章为全书定调，并阐述为什么哲学以及对哲学的理解对公共行政、公共治理和公共管理（统称公共行政）的学科发展是十分重要的。本章讨论了本书的研究逻辑原理以及核心议题。
第二章　哲学研究的主要流派：一个选择性的简要回顾（第一部分）	本章阐述了西方哲学的根基与源头，包括古希腊哲学、中世纪哲学以及近代早期哲学，向读者介绍了前人为哲学发展做出的独特而又长久的贡献。本章初步讨论了哲学与公共行政的联系以及哲学为公共行政提供的启示，相关内容会在第四至第六章详细讨论
第三章　哲学研究的主要流派：一个选择性的简要回顾（第二部分）	本章考察了现当代哲学的流派，对这些哲学思想如何给现当代公共行政提供启示方面（这一点在过去是被忽略的）进行了概述。
第四章　重新审视公共行政的信条与主题	本章系统性地应用了第二章与第三章的研究发现，探讨如何全面地利用哲学思想，来为人们更深入、更具有弹性(suppler)地理解公共行政当代研究做出贡献。本章主要探讨本体论与认知论问题。
第五章　政治哲学与公共治理：公共产品观点与社会契约观点的争论及其对公共部门组织的重要性	本章从本体论转向公共行政中的政治哲学基础问题，深入讨论了作为政治系统合法性来源的公共产品观点与社会契约观点的异同，以及两种不同观点对公共治理的启示。
第六章　洛伦泽蒂、马基雅维利与莫尔：公共行政中的美德、现实主义与乌托邦理念	如果说全书总体上是与西方文明的所有伟大哲学家的思想发生碰撞，那么本章则是挑选了三位哲学家的相关理论，对公共行政的三个方面进行了深入探讨，这三个方面即社会美德的角色、政治现实主义的争论以及乌托邦思潮的长久启示。本章回顾了安布罗吉・洛伦泽蒂的著名画作“善的政府”（*The Good Government*）、马基雅维利的巨著《君主论》（*The Prince*）以及托马斯・莫尔的名著《乌托邦》（*Utopia*）。
第七章　逻辑一致性的探寻	本章将前文所有的讨论线索汇总起来，探讨哲学为公共行政的智慧传统做出了何种贡献：是科学知识的创造，还是理解解释的活动，抑或是实际经验的积累、实践智慧的获得。

寻找公共行政研究的哲学之维*

张乾友**

［内容提要］ 在研究立场上，行政哲学的出发点是为社会提供关于公共生活的替代解释和视角，通过对各种可欲前景的证成和探索来充分发挥知识的社会价值。在问题意识上，行政哲学应当从更加积极的人性观念出发展开理论叙事，充分发掘利用人的能动性来超越现实治理中各种"囚徒困境"的可能性。在实践途径上，行政哲学家必须对技术问题予以更多关注，通过增强证明其自身主张能为性的能力来向社会证成各种应为，尤其是重新证成公共性的价值。

［关键词］ 公共行政学；行政哲学；公共性

［**Abstract**］ The mission of administrative philosophy is to provide alternatives of public life to the society. It is useful, not in the sense that it can help practitioners solve concrete problems, but in the sense that it can help the society justify various desirable prospects and thus help the society make better choices. To accomplish this goal, administrative philosophy should take a more positive concept of human nature, try to help the society get out of "prisoners' dilemma" in administrative practice by making more room for human agency. As to administrative philosophers, they should pay more attention to the technical aspect of public issues, not just make claims about what public administration should do, but also prove that these claims are technically feasible so that the society may have stronger reasons to accept them. Specifically, one of the most urgent task for administrative philosophers is to re-justify the value of publicness.

［**Key Words**］ Public Administration; Administrative Philosophy; Publicness

* 本文系国家社科基金重大专项项目"服务型政府理论与实践研究"（项目编号：17VZL016）和国家社科基金重点项目"促进参与和公正分配的公共政策体系研究"（项目编号：16AZD027）的阶段性成果。

** 张乾友，南京大学政府管理学院副教授。

公共行政学产生在一个技术理性盛行的时代。那个时代的人们崇尚进步，却把技术视作进步的首要推动力，认为只要让人们的理性服务于技术改进的目的，充分发挥生产、管理等各个层面的技术改进对于人类物质存在状况的推动作用，就能促进社会的进步。在这样一种被称作进步主义的时代精神的洗礼下，公共行政学获得了一种关注技术的原生冲动，并出于理解技术在行政组织实际运作中的作用和探索如何通过技术改进提高行政组织绩效的需要而确立起了科学主义的研究导向。"科学有其专家，所以我们必须要有'政府方面的专家'。科学依赖于精密测量，那就让行政数据成为可测量的。科学仅关注事实，那就让'事实'成为主宰。科学要运用实验，那就让行政发展的模式成为可实验的"(沃尔多，2017：24)。就美国公共行政学界而言，在整个 20 世纪，虽然以沃尔多和深受沃尔多影响的公共行政理论网络(Public Administration Theory Network)为代表的学者群体一直试图将哲学思维引入公共行政学，但对于主流学术界，这种尝试始终未能产生明显影响。尤其在进入 20 世纪晚期之后，随着技术拥有了改变社会实践的更强能力，以人类生活中那些规范性内容为研究对象的哲学思维在整个现代知识体系中不断地边缘化，并逐渐将自己的许多原有领地拱手让出。比如，20 多年前，当 Rohr(2015)看到越来越多学者关注政府伦理中的经验问题时，曾发出过惊讶，而在今天，如公共服务动机研究的主流化所表明的，如果一个人不能证明他运用的是科学方法，似乎已经不再有资格对公共生活中的规范性问题发表意见了。一方面，这样一种变化对寻求公共行政研究之哲学化的努力构成严重的挑战，它造成行政哲学家始终"无家可归"、"好像无国籍的难民一直在逃避追捕"(Stivers, 2000：21)的现实处境。另一方面，它也进一步突出了对公共行政研究进行哲学化这一任务的紧迫性，因为如果行政哲学研究不能提供关于当代公共行政实践的足以与行政科学相竞争的理论或解释，就可能使公共行政实践彻底成为一种单向度的实践，进而导致社会的公共生活失去其应有的多样性。因此，在科学主义主导人类知识生产的今天，我们仍然需要寻找公共行政研究的哲学之维。

一　行政哲学的研究立场

自沃尔多与西蒙的争论以来，公共行政学陷入了持久的身份危机，在公共行政研究到底应当关注公共生活中那些规范性的因而不可避免是政治性的内容，还是应当关注公共生活中那些事实性的因而可以借助科学得到解释和解决的问题上，学者产生了广泛的分歧，使这一学科内部一直存在着普遍的紧张状态。不过，如果说在沃尔多与西蒙的年代这种紧张更多表现为对峙，使得持有两种观点的人都能比较充分地表达自己的理由和使自己的理由为更广大的学术界听到的话，到20世纪晚期，随着主流学术界更加彻底地转向实证科学化，这种紧张则更多表现为分裂。而由于分裂的双方在学术话语权上的严重不平等，沃尔多式的观点在主流学术界已近销声匿迹，主流公共行政研究也似乎通过对“异端”的驱逐而摆脱了身份危机的长久困扰。

在20世纪的社会科学发展史上，公共行政学的这种自我证成并非孤例。早在二战结束不久，Parsons(1946:662)就指出了当时社会科学作为一个整体所面临的身份危机，在一般公众的眼中，“它只不过是一群疯狂改革者的避难所，或是社会工作的一种美化形式，甚至认为它主要关注的是促进两性问题上的自由至上主义。”米尔斯(2017:24)也指出，直到20世纪50年代末，社会科学一词在政治领域仍然被许多人视为社会主义的同义语。为了摆脱这样一种身份“污名”，当时美国社会科学的头面人物们决定向自然科学靠拢，因为“科学方法被认为能提供具有特权的信息”(法默尔，2005:257—258)，进而，通过表明自身的科学属性，社会科学就将成功地为自己建立起一种值得尊重的社会身份。在一些反对社会科学科学化的学者看来(Agger，2007；Patterson，2007)，正是这样一种考虑构成了20世纪中期以来社会科学中行为主义革命的内部驱动力。

无论引起社会科学科学化的具体原因为何，经过几十年的发展，今天，主流社会科学在整体上已经更加认同于自然科学，而不是米尔斯(2017)意义上的社会研究(social studies)，或吉登斯(2015)意义上的社会理论(social theory)。这一现状在进入 21 世纪后引发了许多学科性的反思。比如，2000 年时，一群美国政治学者以"改革先生"(Mr.Perestroika)的匿名身份对主流政治学研究提出了非常尖锐的批评，认为主流政治学对自然科学的推崇已经造成一种方法论极权主义，而在政治学无法为政治实践提供恰当价值规范的前提下，政治就可能"沦为一种操纵的艺术"(谈火生，2017)。又如，2004 年，社会学家 Burawoy(2005)在当选美国社会学会主席之后掀起了一场声势浩大的"公共社会学"运动，对运用自然科学的方法将社会学的使命从追求社会进步偷换为追求社会学者个人与主流社会学系职业进步的"职业社会学"发出挑战。他要求社会学者超越对标准化课程、得到认证的阅读书目、官僚化排名、高强度考试、文献综述、定制式论文、经过同行评审的发表、样样精通的简历、工作搜寻、教职文件以及对同行和后辈的审查等职业发展事项的狭隘关注，而重新投身于追求社会正义、经济平等、人权、可持续的环境与政治自由等价值。另一方面，虽然"改革先生"运动与"公共社会学"运动都曾一度改变了主流政治学与主流社会学的权力结构，将更同情政治理论与社会理论的学者推上了各自官方机构的领导者职位，但当代社会科学的整体研究导向和研究格局并未发生明显改变，科学化的研究仍然处在学术舞台的中心，哲学化的研究仍然居于学术舞台的边缘。

社会科学研究总是与实践紧密联系在一起的。在特定时期，主流社会科学总是主流社会实践的反映，也总是倾向于巩固主流社会实践。过去几十年社会实践的核心主题是国家与市场关系的调整，基本思路是根据市场原则来重塑国家的运行机制，在这一思路背后所蕴含的则是市场包含了一种能够促进社会资源有效配置的客观规律的信念，而这种信念与科学家关于世界运行中必然存在可以得到准确认识的科学规律的信念具有内在的契合性，这构成社会科学研究日益科学化的认识论基础。虽然 2008 年的金融危机后实务界和学术界都出现了一些反思和批评市场化改革的声音，但由于替代方案的缺席，人们关于市场化的实践作为最佳实践（best practice）的信念（Overman & Boyd, 1994）并未受到动摇，相应的，在认识论层面，科学思维仍然是也在很长一段时期内仍将是人们理解公共事务的主导思维方式。对于哲学化的公共行政研究来说，这意味着什么？

借用鲍曼（2000：5）的术语，传统上，哲学家是作为“立法者”而存在的，这种“立法者角色由对权威性话语的建构活动构成，这种权威性话语对争执不下的意见纠纷作出仲裁与抉择，并最终决定哪些意见是正确的和应该被遵守的”。作为立法者，哲学家总是试图为社会提供整全性的制度安排原则，并要求实践者根据他所提供的原则来设计具体的实践方案。在这个过程中，实践者所面对的纷繁复杂的现实当然会让他们产生不同的意见，但这并不构成他们反对立法者意见的理由。就像在政治过程中立法者意见代表着一种“绝对命令”一样，当发现自己的看法与哲学家的意见不同时，实践者需要思考的是如何从自身工作的角度帮助公众接受哲学家的意见，而不是利用自身工作的便利煽动公众反对哲学家的意见。当科学家发现要落实哲学家的意见存在技术上的极大困难时，也不能以此为由否定哲学家的意见，而应当寻求落实哲学家意见的其他技术手段。换句话说，把哲学家视为社会的立法者，就等于接受了“应为意味着能为”（ought implies can）的社会治理原则和如下治理分工，其中，哲学家负责证成各种价值判断和裁决得到证成的各种价值判断间的冲突，实践者和科学家则基于哲学家所提供的价值目标来寻找使它们具有政治和技术上的可行性的实施途径。在这种“哲学王”式的治理模式中，哲学家并不真的需要通晓一切，因为实践者与科学家时刻准备着弥补他在价值判断之外认知的不足。也正是由于实践者与科学家已经承担了克服任何治理方案在政治和技术上的困难的任务，使得哲学家可以专注于对一个社会应有的整全性的治理原则的思考。

显然，经过过去几十年的发展，认为哲学家可以扮演一个社会立法者的信念已经失去了它的社会基础。鉴于计划经济在东方的失败和福利国家在西方陷入危机，认为可以通过哲学家的立法来为社会提供秩序的信念变成了“致命的自负”，新的时代精神更加关注“一个大大超出我们的视野或设计能力的甄别和选择的变异过程，如何产生出了人类交往的扩展秩序”(哈耶克，2000：10—11)。这种对“看不见的手”的推崇包含了一种“上帝之手”的隐喻，认为存在着一种超出人类能力的客观力量可以为人类提供使得各种社会合作井然有序的方法，进而要获得这种秩序，人类社会就不再需要哲学家来自不量力地提供秩序建构的宏大叙事，而只需要科学家在严格运用科学方法前提下的谦卑工作来发现这种秩序中所蕴含的规律性内容，进而推动这种秩序的扩散。在这种观念下，哲学家关于整全性治理原则的所有思考都变成了乌托邦，并因此失去了可信性，也就不再能够成为社会的思想主流，更不再能够直接转化为社会实践了。

基于 20 世纪后期以来哲学思维在社会科学中的现实处境，尤其是公共行政理论网络及其成员在公共行政学界被不断边缘化的现状，Burnier(2003：530)提出，今天，“理论家的关键贡献之一是通过引入新的或不同的视角、概念和理念来为被视为理所当然的学科性现实提供替代选择”。换句话说，行政哲学的研究立场是为公共生活中的各种现象提供与主流观点不同的替代性解释和视角。这么说有两层含义。第一，它意味着行政哲学家必须形成关于自身“异端”地位的自我意识。这并不是说他们必须时刻准备着挑战现状，而是说，在一个高度科学化的时代，只要一个人试图运用哲学思维来分析行政现象，就一定会被主流实务界与主流学术界当成异端。既然如此，行政哲学家就不妨接受自己的异端地位，作为一个“有意识的流放者”来审视我们这一学科所面对的学术现实与社会现实，通过拒绝成为“新贵”的诱惑来寻求关于行政现象的独立认识(Stivers，2000)。第二，它意味着行政哲学家必须从寻求更可欲的行政前景的目的出发展开自己的哲学想象。成为有意识的流放者并不意味着拒绝与现实建立联系，也不意味着总是在表达对于现实的不满，那样做将使哲学失去它的积极社会功能。相反，成为有意识的流放者意味着行政哲学家需要在充分澄清我们所面对的学术现实与社会现实之不可欲性的基础上展开对于一个可欲世界的想象。在这么做的时候，他对哲学思维的运用既是反思性的，也是建构性的；既是认知性的，也是引导性的。他将在对现实的反思中寻找新的理论建构的突破口，并以对既有知识和实践的回溯性认知为基础寻找知识生产的引导性维度，"期待掌握和求取改造事物的知识"（孔繁斌，2018：86），既不利用知识来美化不可欲的现实，也不仅仅在批评和反思的层面使用知识，而是通过对各种可欲前景的证成和探索来充分发挥知识的社会价值。在这个意义上，即使行政哲学研究仍只能提供相对于主流观点的替代选择而不能替代主流研究，它在社会中的角色也并不是消极的，而是十分积极的。

二　行政哲学的问题意识

政治哲学家 Christiano（2008）在提出他关于是否需要限制移民的观点时，阐述了他对政治哲学与社会科学关系的分析。Christiano 的论点是，如果大规模的移民涌入可能影响一个社会政治体制的恰当运行，那么就有很好的与世界主义这样一种通常支持开放国界的主张并不矛盾的理由来限制移民。这一结论本身出自一种道德和政治哲学的论证，但其成立有赖于一个社会科学前提，即大规模移民涌入被证实的确会影响一个社会政治体制的恰当运行。就此而言，政治哲学与社会科学之间似乎存在一种分工关系，政治哲学需要社会科学来支持它的一些基础性主张，同时，社会科学也需要政治哲学来为其提供什么是一个公正的社会需要的经验性假设的研究问题。如果我们把 Christiano 所说的政治哲学理解为一般意义上的哲学思维，社会科学理解为一般意义上的科学思维，那么，应当说，这是哲学思维与科学思维的理想关系。如果在所有问题上哲学导向的研究和科学导向的研究都能以这种方式共同促进对问题的解决，那人类社会中的许多认识分歧都将不复存在，而我们所面对的绝大多数治理问题也将得到更完满的解决。这样一种分工式的观点预设了所有知识和思维方式在真理敏感性与社会合法性上的平等，没有哪一类知识或哪一种思维方式可以宣称自己具有更高的真理敏感性，并由此垄断社会中的学术权力。在这种情况下，没有主流研究，也就不存在替代选择，相反，所有类型的研究都属于对现实的竞争性解释，都需要通过对它在社会的知识分工体系中的恰当功能的承担来证成其真理敏感性与获取社会合法性。

不过，在今天的知识世界中，这样一种理想状态是不存在的。如努斯鲍姆（2017）所指出，过去几十年世界范围教育领域的一大变革趋势是人文教育的衰落，在科学主义的冲击下，包括哲学在内的所有人文性的知识类型和思维方式都面临着真理敏感性不被承认，进而其存在的社会合法性陷入危机的现状。也正是基于这一现状，把行政哲学作为主流研究的替代选择反映了一种更加务实的研究立场。这并不是说行政哲学家不再需要思考社会治理的整全性原则，而是说，即使提出了这样的原则，它也很难影响主流社会的“立法”选择，而只能作为相对于主流研究的一个“他者”而存在，是人们在通过主流研究提供的分析和解释无法得出合理认识之后才会想到的第二选择、第三选择甚至更靠后的选择。这一处境也不意味着行政哲学家应当致力于自身工作的主流化，以摆脱“他者”地位，因为主流化就意味着接受主流研究的标准，结果就将使行政哲学家失去提供替代选择的能力。如何在主流研究的思维范式之外思考一个社会的主流问题，正是 Stivers 通过“有意识的流放者”的概念向所有行政哲学家传递的核心信息。同时，这样一种定位也不意味着行政哲学不重要，相反，在坚信人类认识能力的有限性和人类认识活动具有内在不确定性，因而没有哪一种认识途径和思维方式能够确保得出最具真理敏感性的认识的前提下，这样一种处境恰恰构成了行政哲学存在的价值，因为认识模式越是单一化，人类发生集体性认识偏差的概率就越大。而要降低这种概率，行政哲学研究就必须提供尽可能多的替代性视角和解释，以促进关于公共生活的认识模式的多元化，让人们在发现他们所习以为常的第一选择存在谬误时真的有第二选择、第三选择以及更多的选择，以继续寻求关于公共生活的具有真理敏感性的认识。那么,行政哲学到底应该为人们提供关于哪些问题的替代选择?

首先,行政哲学应当从一种更加积极的人性观念出发展开关于公共生活的分析和阐释。无疑,当代知识世界是一个科学主义的世界,但这并不意味着这个知识世界背后不存在一些背景性的哲学观念。从研究过程来看,科学化的研究总是表现为对一系列假设的验证,其中,具体的验证过程似乎只是一个收集和处理事实信息的过程,但假设的提出则一定反映了研究者所持有的特定哲学观念或价值判断。而且,在特定时期内,主流学术界在研究假设的提出上会表现出一定的趋同性,会自觉不自觉地反映出这一时期被 Piven(2007)称作主导性故事线的主流哲学观念和价值体系,进而,对这些假设的验证——无论它是证实还是证伪了这些假设——本身就构成了对这些主导性故事线的重复和巩固。

比如,在组织行为研究中,无论认为个体的行为是受内部动机还是外部动机驱动,都反映了人的行为是对激励措施的反应这样一种研究假设。其区别在于,如果认为某些行为更多受内部动机驱动,意味着研究者关注的是寻找恰当的内部激励措施的问题;如果认为某些行为更多受外部动机驱动,则意味着研究者关注的是寻找恰当的外部激励措施的问题。进而,这些假设背后所反映的乃是人的行为是可以操纵的这样一种人性观,因为只有在人的行为是可以操纵的前提下,研究者和组织才能通过相应的激励手段来激发或者说操纵研究对象的行为。而这样一种人性观又与科学主义的认识逻辑具有内在的一致性,因为只有当人的行为是可以操纵的时候,我们才能精确地识别出“实验组”与“对照组”,才能使人类行为成为科学研究的对象。反过来,当我们真的基于这套假设而运用科学化的方法去研究人类行为时,就会将哲学所关注的人类行为中那些具有能动性(agency)的方面排除在外,就会通过对人类行为不断的外部操纵来强化人类行为中那些具有可操纵性的方面,从而使人类行为的能动性特征不断弱化,使哲学性的解释显得越来越缺乏说服力,而科学则日益成为操纵和控制行为的一种工具。

其次，行政哲学应当从帮助人们走出“囚徒困境”的目的出发发掘能动性的治理潜能。如 Le Grand(2003:4—11)所说，传统的公共服务模式是不承认服务接受者能动性的，在将服务提供者视为“骑士”的前提下，服务接受者可以信赖和依靠提供者为他作出最符合他利益的专业判断，因而只需作为类似国际象棋中的“兵”，消极地等待“骑士”来为他服务就可以了。而在 20 世纪 70 年代以来的公共服务改革中，这一系列假设被抛弃了。服务接受者的能动性得到了承认，他被允许和鼓励像国际象棋中的“后”一样在不同的服务提供者之间自由流动。一旦某个提供者不能充分满足他的需求，他就可以“用脚投票”，转向另一个能够更好满足他需求的提供者。另一方面，这么做的结果是提供者的专业权威受到削损。当发现坚持与接受者主观判断有冲突的专业判断会导致接受者的流失时，他就会倾向于迎合接受者的主观判断，逐渐将接受者视为他的顾客，而他自己则成了以吸引顾客为最高目标的“无赖”。

需要指出的是，传统模式不承认服务接受者能动性的做法显然是错误的，在这种模式下，接受者不可能得到高质量的服务，这是一个已经得到历史证实的结论。但同时，将服务接受者视为一个顾客式的能动者也不是对其能动性的恰当理解，因为在顾客导向的服务模式中，无论服务提供者本来是“骑士”还是“无赖”，在紧迫的生存压力面前，他都会更加倾向于成为“无赖”。当然，如 Le Grand(2003:67)所说，只要一个社会能够为这些“无赖”提供足够多的外部激励，公共服务的总量是可以得到保障的，甚至公共服务的质量也会得到提升。但另一方面，将所有提供者都变成“无赖”，使得提供者与接受者都只能在“囚徒”式的理性选择中实现动机与需求的协调，这本身就是社会的一种巨大的道德损失。而且，在很大程度上，正是这种损失使得当代公共生活显得极其缺乏可欲性。要帮助人们去过一种可欲的公共生活，行政哲学需要寻求发挥人们能动性的其他途径，不是让能动性成为人与人之间实质性联系的割裂因素，而是让能动性成为实现张康之(2017)所说公共行政的显性结构与隐性结构之间良性“互动和相互转化”的促进因素。

第三，行政哲学家自身也应当作为一个能动者来积极地为所有主流观念寻找替代解释。前文所述 Christiano 的观点暗含了哲学思维与科学思维互不可替的认识，但在今天，这一认识已经受到破坏。在日益标准化、流程化的论文生产模式中，哲学思维的产物——理论——已经变成科学导向的研究自我证成的工具，结果在科学导向的研究可以宣称自己证实、修正了某种既有理论或提供了关于某个问题的某种新的理论的同时，理论本身则似乎失去了自我言说的能力。如果它不能被科学导向的研究所证实或应用，似乎就不再是一种合法的知识。在这一背景下，要证明自身的价值，行政哲学就不能继续固守传统的研究阵地，而必须对主流研究做出全面反思，在无法避免主流研究必然会推动某些观念变革的前提下，为这些变革注入更加多元的内容，让社会在由学术界推动或借由学术界推动的观念变革中真正拥有不同选择。

比如，20 世纪 90 年代以来，治理（governance）概念在学术研究中的流行表明社会中发生了一场观念革命，而且这场革命带有明显的新自由主义色彩，尤其主流学术界关于“善治”的探讨典型地反映了一系列亲市场的价值预设和政策导向（卡蓝默，2005）。在这一趋势下，如果社会真的接受了“从统治到治理”的政治进步观念，就会失去对于市场扩张的反思性，就无法矫正市场介入公共部门所造成的负面后果。另外，福柯在 70 年代提出的治理术（governmentality）的概念客观上构成了对治理概念的一种挑战和制衡，使人们可以借助福柯式的批判理论来重新审视市场化所暗含的权力扩张逻辑（Schram et al.，2010），进而重新审视政府、市场与社会的关系。又如，在与“治理革命”同期发生的“新公共管理”运动中，作为管理主义同义语的公共管理概念在主流学术界牢固地树立了起来（Terry，1998），使得公共行政学科在它的公共管理转向中走上了强化管理主义的发展方向。另一方面，国内学术界以张康之（2004）、孔繁斌（2018）等为代表的观点主张将公共管理视为一种服务型的社会治理模式，并对这种模式的历史属性、构成特征等做出了详细的论证，也在公共行政的概念被公共管理取代这一趋势已经无法逆转的前提下，让人们获得从公共管理的视角出发引导社会治理发展的不同选择。这样的努力是行政哲学家实践其能动性的基本途径，通过为社会提供更多的观念选择，行政哲学家将在社会对一种可欲的公共生活的追求上做出自己的贡献。

以上关于行政哲学问题意识的讨论针对的是以竞争为内核的新自由主义意识形态。今天，这样一种经济意识形态已经获得超越政治意识形态和政体类型的全球影响力，也将建立在对政治—行政关系之探讨基础上的传统行政哲学研究变成了空中楼阁。根据福柯(2011)的观点，新自由主义的基本主张是将个体还原为"人力资本"。而作为人力资本，所有人参与社会生活的目的都是实现自身的资本增值，在这一点上，每个人都有着充分的能动性；另外，要实现资本增值，就必须遵循市场规律，这种规律就是竞争，因为只有在竞争中获胜的资本才能够实现增值，在这一点上，每一个人都不是能动的，而是可以被操纵的。比如，标杆管理就是一种通过被管理者间的竞争来操纵其行为的技术手段(Triantafillou, 2007)，而借助标杆管理等技术手段，新自由主义就实现了市场权力的扩张，并显著地改变了政治权力的行使方式，使得对政治权力的民主行使似乎不再可能，因为当所有人都以人力资本自居时，作为民主基础的"人民"(demos)就不复存在了(Brown, 2015)。就此而言，今天，所有国家或地区的行政哲学研究需要完成的最紧迫任务并不是如何更好地实现本土政体的价值，而是如何回应新自由主义的挑战，因为如果不能回应这种挑战，政治体本身就将被市场取代，公共生活将完全变为经济生活，而在失去了研究对象之后，行政哲学也就不再有存在的必要了。

三 行政哲学的实践路径

哲学思维是一种价值导向的思维模式。这并不是说哲学思维总是在回应"应当"的问题，而对"是"的问题无动于衷。相反，认知一直是哲学的基本功能。就认知通常以给出关于认识对象的定义为结果而言，哲学家已经给出了关于世界上几乎所有存在物的定义，而每一位哲学家在开始自己的思考时也都会首先给出关于思考对象的某种前摄性的定义，使所有哲学思考都会表现为一种认知实践。但同时，哲学思考并不仅仅是一种认知实践。比如，对哲学家来说，“什么是权力”的问题当然是非常重要的，如果不能给出关于权力的定义，他就无法分析现实中的权力现象。但没有哪一位哲学家会止步于对权力的定义。相反，一旦给出了这样的定义，他就会发现自己处在了证成和比较各种价值的任务之中。比如，我们可以将权力定义为“对权力客体自主性的干预”(张乾友，2018:72)。根据这一定义，哲学家接下来就将面对“自主性是否一种价值”、“对自主性的干预如何能够带来价值收益”以及“对自主性的干预会造成哪些价值损失”等问题，而对这些问题的思考就不再仅仅是一个认识过程，而更多是一个道德推理的过程了。通过这样的推理，哲学家将对权力的正面价值与负面价值得出更加完整的认识，而这一认识必然让他在“应当如何对待权力”的问题上作出自己的判断，结果，他就从“是”中推导出了“应当”，虽然并非所有哲学家在所有问题上都会实际地展开关于“应当”的理论叙述。又如，我们可以将效率定义为“社会去实现它的任何或所有目标的能力”(Le Grand，2002:32)。而根据这一定义，哲学家接下来将不可避免地面对“哪些目标属于有价值的目标”和“如何衡量处于冲突之中的多种目标间的价值”等问题，而对这些问题的回答同样只能通过严密的道德推理才能完成。可见，对于哲学家来说，“A是B”可能并不直接意味着“我们应当追求A”或“我们应当追求B”，但当他们在A与B之间建立起某种解释性的事实联系时，就一定同时催生了做出道德思考的某些方向，而且，向社会提供这些方向并解释如何沿着这些方向进行思考，从而帮助社会作出价值判断，正是哲学家的使命所在。

当我们认识到哲学思维是一种寻求从“是”中推导“应当”的思维模式，立刻就会遇到一个棘手的问题，这就是：从相同的“是”中，人们可能推导出不同的“应当”，而当这些“应当”存在冲突时，哲学思考何去何从？罗尔斯(1988)在阐述他关于“作为公平的正义”的思想时尝试破解这一难题。罗尔斯首先假定，正义感是每个人固有的一种品质，因而，每个人都会在正义问题上作出自己的判断。但同时，即使这种判断发生在非常有利的条件下，也仍然存在受到偶然因素的影响因而并不是关于正义问题最恰当判断的可能性。在这种条件下，如果向他提供各种有感染力的正义观，可能促使他修正自己原有的判断，从而使他在其原有判断与各种正义观之间达成一种“反思性的平衡”。在这里，每个人的原有判断都代表了一种“应当”，政治哲学家的使命则在于通过提供对人们正义感的解释来促进不同“应当”间的协调一致。在罗尔斯这里，这种一致就表现为他们最后都会通过“无知之幕”后的理性选择而将自己的正义感适应于“作为公平的正义”。

行政哲学与政治哲学的一大区别在于，行政哲学的研究对象主要是国家的行政体系，它是以国家的实存为前提的，因而，行政哲学家通常不会像政治哲学家一样通过引入“自然状态”或“原初状态”的逻辑设置来表达自己的价值主张，而必须通过更直接的价值证成来促进不同“应当”间的协调一致。具体来说，在面对不同“应当”间的冲突时，行政哲学家须坚持通过对公共性价值的证成及其供给途径的探索来寻求在不同“应当”之间达成反思性平衡的方向。这是因为，公共性的生成及其制度化供给是现代行政发展的核心成就，也是现代公共行政得以为现代社会提供一种良好治理秩序的基础。如 Jun(1993:50)所说，“不以促进公共善(public good)为目的的行政哲学是不值得追求的”，在很大程度上，公共行政的哲学之维就是公共行政的公共之维，因此，只有将人们在“应当”上的认识分歧限制在对公共性的不同理解这一范围内时，行政哲学才能有助于行政实践继续为社会提供良好的治理秩序。如果许多人关于“应当”的判断是要否定公共性这一价值，那行政哲学家就必须找到更好的途径来重新证成公共性的价值，并帮助更多人更好地接受这一价值作为其参与公共生活的指引。

虽然公共行政这一学科建制至今仍然保留了“公共”的身份标识，但在过去几十年这一学科的知识演进中，与社会科学的整体演进趋势一致，我们则见证了公共性价值不断受到攻击和驱逐的历史。比如，公共行政学者基本不会反对政府的主要职能在于为社会提供公共产品的观点，同时又几乎完全不加反思地接受了经济学关于公共产品的定义——即在消费上具有非竞争性和非排他性特征的物品，而根据 Malkin & Wildavsky(1991)的分析，严格满足这一定义的公共产品在现实中并不存在，因而，如果根据这样一种公共产品观来理解政府职能，结果可能走上否定政府应当承担任何积极职能的方向。事实上，作为在实践中应用这种理解的结果，今天，如 Collins(2007：108)所说，“公共”已经变成“劣等”(inferior)的同义语，比如，在绝大多数语境下，“公共”交通、“公共”住房等“公共”产品都是与拥挤、压抑等令人不快的词语联系在一起的，而经常使用这些“公共”产品的人也不可避免地在社会舆论中获得了一种低人一等的形象。有鉴于此，在听到 Burawoy 的“公共社会学”倡议时，Collins 提醒这一倡议的其他同情者，“引入形形色色的公众，结果是你们的学科遭殃。引入公共社会学，结果是你们的学术地位下降。社会学准备好这些了吗?”

与社会学相比，公共行政学不存在引入公共范畴的问题，因为这一学科从一开始就自我命名为公共行政学。但作为公共社会学同情者的 Collins 对这一倡议前景的怀疑对公共行政学也同样适用。作为一个可观察到的事实，在笔者的视野范围内，探讨“行政”问题的论文通常较容易发表在主流学术期刊，探讨“公共”问题的论文则通常只能发表在相对不那么重要的学术期刊。进而，关注“行政”问题的学者通常有较大机会进入主流高校，关注“公共”问题的学者通常只能在二、三线高校任职。这一方面表明了重新证成公共性价值的重要性，否则，这一学科的知识生产将日益明显地反映不同学者群体社会地位的差异，使这一学科追求成为一种中立科学的努力不再有现实基础；另一方面也决定了这一使命不可能有普遍的动力基础，而更多只能由行政哲学家来承担。而要承担这一使命，行政哲学家就需要搁置某些分歧，通过在公共性价值上达成更广泛的观念认同来凝聚理论动力，从而更有效地抗衡那些反对公共性的现实驱力和理论驱力。

要重新唤起关于公共性的更广泛的学术认同与社会认同，行政哲学家必须想办法突破公共生活中的稀缺预设。20 世纪初，福利经济学的诞生为政府更积极地履行供给公共性的职能提供了许多重要的观念工具。比如，根据福利经济学的帕累托效率概念，一个政府要证明其有效性，就必须致力于同时促进所有人福利水平的提升。当然，从一个角度来看，在帕累托效率观中，富人的利益与穷人的利益并不是等值的，由于穷人本就没有多少可以被"劫"的东西，既反对"劫贫济富"，也反对"劫富济贫"的帕累托式效率观其实对富人利益作出了更多保护（Le Grand，2002：34）。在这个意义上，它可能并不满足我们关于公共性的理解中的"无偏狭性"标准；但另一方面，它要求政府将所有人利益纳入考虑的主张无疑体现了公共性所内涵的包容性价值（张乾友，2017）。而要将所有人的利益包容在内，一个政府就不能以资源稀缺为由来作出让某些人牺牲的政策选择。另一方面，如福柯（2011：197）所说，随着新自由主义的兴起，经济学的主题迅速转向了对稀缺资源的有效利用，而在这样一种理论预设下，人们很快发现，政府面对的所有治理难题都可以被归结为是将有限的资源投入那些更有效率的社会主体还是那些没有效率的社会主体这样一种非此即彼的选择问题。而从这样一种设问方式出发，答案是显而易见的——难道会有谁认为应当将有限的资源投入注定不能带来回报的事项上吗？这样一种"社会投资"观成了当代各种排斥性政策的思想根源，因此，要让政府重新走上促进社会包容并致力于无褊狭地对待所有利益的方向，行政哲学家就必须为人们理解公共生活找到新的出发点。

虽然在过去几十年的知识生产变革中社会倾向于将哲学家从"立法者"改造为"阐释者"，但在本文看来，"应为意味着能为"的立法者立场仍然是所有行政哲学家必须坚持的立场。在某种意义上，稀缺预设就是以不能为为由来否决政府供给公共性的应为，因此，要坚持这一应为，行政哲学家就必须证明供给公共性的能为性。这不仅是一个价值取向的问题，也是一个学术训练的问题。传统上，作为"立法者"，哲学家可能不太关注技术层面的问题，而更倾向于认为他的工作就是为社会提供价值证成，而在这一工作完成之后，其他人就应该致力于寻找将在哲学争辩中得到证成的价值付诸实践的方案。但显然,这样一种认识分工与社会分工并没有多少支持者,结果,哲学家的“立法”往往因为找不到可实践的方案而沦为空想。20 世纪后期以来的政治哲学研究已经认识到了这一问题,并试图通过学术训练方式的改革来解决这一问题。比如,罗尔斯在完成博士论文后并没有第一时间寻找工作,而是在学校里多待了一年,参加了芝加哥学派创始人之一的维纳主持的经济学研讨课。而在工作之后,罗尔斯前两年也主要是在研究经济学问题,参加了著名经济学家鲍莫尔开设的研讨课,研读后来的诺贝尔经济学奖得主希克斯、萨缪尔森以及博弈论经济学奠基人纽曼与摩根斯坦等人的著作(波吉,2002:487—488)。即使在《正义论》书稿已近完成时,罗尔斯仍然邀请阿罗、森等顶级经济学家与他一道运用这部书稿教授课程(森,2012:47—48)。这表明罗尔斯清楚地认识到了证明一种观念之能为在让社会接受其之应为上的重要性,而鉴于经济学是被认为最能决定某种观念是否能为的社会科学知识,他就有意识地强化了对自身的经济学训练,结果,在最大限度地减少了经济学家群体对其主张的反对之后,“作为公平的正义”要获得社会认同也就更加容易了。另一方面,在罗尔斯的晚期著作《政治自由主义》中,我们就看不到多少经济学的影响了,因为他已经树立起了自身的立法者地位,而不再需要借助经济学的知识来证明其规范主张的能为性。对于行政哲学家来说,这意味着,他们在关注技术时需要把握目的与手段的关系。当掌握更多技术性手段有助于达成自身的规范性目的时,加强技术性知识的训练是十分必要的,但同时,解决技术性问题本身并不是哲学研究的目的。

如 Bozeman(2007)所说,对公共性的强调同时意味着对经济个人主义(economic individualism)的反对,即行政哲学的主要对手就是经济学思维,尤其新自由主义的经济学思维。而要能够反驳经济学思维对自身价值主张不能为的批评,行政哲学家就必须证明其价值主张的能为性。这意味着,行政哲学虽然主要是一种价值证成的工作,但要胜任这一工作,行政哲学家首先必须能够解决将公共性价值付诸实践时可能遇到的各种技术性问题。只有在这一前提下，他们才能向社会表明应为真的意味着能为。无疑，这对行政哲学家提出了很高的学术训练要求，他们不仅需要掌握哲学研究的基本知识与最新进展，从而提高自身的价值证成能力，而且需要对经济学等代表着能为的知识有着更充分的了解，从而能够回应对自身主张不能为的批评。只有这样，行政哲学家的主张才能被更广泛地承认其可实践性，而行政哲学研究本身才能成为一种可实践的研究选择。

参考文献

鲍曼：《立法者与阐释者：论现代性、后现代性与知识分子》，洪涛译，上海人民出版社 2000 年版。

波吉：《罗尔斯小传》，载罗尔斯：《作为公平的正义——正义新论》，姚大志译，上海三联书店 2002 年版，第 475—500 页。

法默尔：《公共行政的语言——官僚制、现代性和后现代性》，吴琼译，中国人民大学出版社 2005 年版。

福柯：《生命政治的诞生》，莫伟民等译，上海人民出版社 2011 年版。

哈耶克：《致命的自负》，冯克利等译，中国社会科学出版社 2000 年版。

吉登斯：《社会理论的核心问题》，郭忠华等译，上海译文出版社 2015 年版。

卡蓝默：《破碎的民主》，高凌瀚译，三联书店 2005 年版。

孔繁斌：《集成性建构方式：公共管理学科再理解》，《学海》2018 年第 1 期。

罗尔斯：《正义论》，何怀宏等译，中国社会科学出版社 1988 年版。

米尔斯：《社会学的想象力》，李康译，北京师范大学出版社 2017 年版。

努斯鲍姆：《功利教育批判：为什么民主需要人文教育》，肖聿译，新华出版社 2017 年版。

森：《正义的理念》，王磊等译，中国人民大学出版社 2012 年版。

谈火生：《政治学的学科传统之争与中国政治学的未来》，《教学与研究》2017 年第 5 期。

沃尔多：《行政国家：美国公共行政的政治理论研究》，颜昌武译，中央编译出版社 2017 年版。

张康之:《公共行政的显性结构与隐性结构》,《行政论坛》2017 年第 1 期。

张康之:《公共管理:社会治理中的一场革命》(上),《北京行政学院学报》2004 年第 1 期。

张乾友:《在三维社会关系网络中理解评价性权力》,《南京社会科学》2018 年第 3 期。

张乾友:《理解公共性内涵的双重维度》,《中国社会科学报》2017 年 6 月 27 日,第 4 版。

Agger, B. (2007). *Public sociology: From social facts to literary arts*. Second Edition, New York: Rowman & Littlefield Publishers, Inc.

Bozeman, B. (2007). *Public values and public interest: Counterbalancing economic individualism*, Washington, D. C.: Georgetown University Press.

Brown, W. (2015). *Undoing the demos: Neoliberalism's stealth revolution*. New York: ZONE BOOKS.

Burawoy, M. (2005). "For public sociology," *American Sociological Review*, 70(1):4—28.

Burnier, D. (2003). "Other voices/other rooms: Toward a care-centered public administration," *Administrative Theory & Praxis*, 25(4):529—544.

Christiano, T. (2008). "Immigration, political community, and cosmopolitanism," *San Diego Law Review*, 45:933—962.

Collins, P.H. (2007). "Going public: Doing the sociology that had no name," In Dan Clawson, et al., eds. *Public sociology: Fifteen eminent sociologists debate politics and the profession in the twenty-first century*. Berkeley: University of California Press, 101—116.

Jun, J.S. (1993). "What is philosophy of administration?" *Administrative Theory & Praxis*, 15(1):46—51.

Le Grand, J. (2003). *Motivation, agency, and public policy: Of knights and knaves, pawns and queens*, New York: Oxford University Press.

Le Grand, J. (2002). *Equity and choice: An essay in economics and applied philosophy*, London: Routledge.

Malkin, J. & Wildavsky, A. (1991). "Why the traditional distinction between public and private goods should be abandoned," *Journal of Theoretical Politics*, 3(4):355—378.

Overman, E.S. & Boyd, K.J. (1994). "Best practice research and post bureaucratic reform," *Journal of Public Administration Research and Theory*, 4(1):67—84.

Parsons, T. (1946). "The science legislation and the role of the social sciences," *American Sociological Review*, 11(6):653—666.

Patterson, O. (2007). "About public sociology," In Dan Clawson, et al., eds. *Public sociology: Fifteen eminent sociologists debate politics and the profession in the twenty-first century*, Berkeley: University of California Press: 176—194.

Piven, F.F. (2007). "From public sociology to politicized sociologist," In Dan Clawson, et al., eds. *Public sociology: Fifteen eminent sociologists debate politics and the profession in the twenty-first century*, Berkeley: University of California Press:158—168.

Rohr, J.A. (2015). "Foreword," In H.George Fredrickson, ed. *Ethics and public administration*, New York: Routledge, xi—2.

Schram, S. F. et al. (2010). "The third level of US welfare reform: Governmentality under neoliberal paternalism," *Citizenship Studies*, 14(6): 739—754.

Stivers, C. (2000). "Resisting the ascendancy of public management: Normative theory and public administration," *Administrative Theory & Praxis*, 22(1):10—23.

Terry, L.D. (1998). "Administrative leadership, neo-managerialism, and the public management movement," *Public Administration Review*, 58(3):194—200.

Triantafillou, P. (2007). "Benchmarking in the public sector: A critical conceptual framework," *Public Administration*, 85(3):829—846.

朝向中国的多层级治理?

——应对跨行政辖区和跨区域组织间的复杂公共事务*

Edoardo Ongaro　公　婷　敬乂嘉**

[**内容提要**]　本文探讨了在进行有效调整和限制的条件下，多层级治理的概念框架对中国政治行政体制的可适用性。多层级治理在中国的应用能够解释全球影响和非政府力量在公共政策制定中的参与。本文认为多层级治理的发展可能是新权威主义条件下提高政治体制的社会合法性的一种方式。我们提出一种吸引人但也可能存在过度延伸的假设，即多层级治理的发展可能是在中国建立政治合法性过程中的重要部分，正如它可能成为欧洲探索重建陷入困境的传统自由民主制度的一个路径。中国和欧洲可能会采用多层级治理以加强各自政治制度的合法性并强化其基础。这预示着对多层级治理极强的规范性和目的性的应用。

[**关键词**]　行政与民主；政府间关系；多层级治理；转型国家

[**Abstract**] This essay argues for the applicability of the conceptual framework of multilevel governance to the political—administrative regime of China, provided significant adaptations and qualifications are developed. The application of multilevel governance to China enables to account for global influences as well as for the involvement of non-governmental actors in public policy making. More radically, we suggest the development of multilevel governance may be interpreted as a way of enhancing the societal legitimacy of the political regime under the conditions of new authoritarianism. We conclude this article by drawing a fascinating yet possibly hazardous and overstretched parallel; that is, the development of multilevel governance may be part and parcel of a process of building political legitimacy in China, just as it may be a way of exploring paths for the renewal of beleaguered traditional liberal democracy in Europe. China and Europe might adopt multilevel governance arrangements for a very purposive course of action: enhancing the legitimacy of the respective and very diverse political systems and buttressing their very foundations. This suggests a strongly normative and purposive application of multilevel governance

[**Key Words**] Administration and Democracy; Intergovernmental Relations; Multilevel Governance; Transition Countries

---

* 公婷感谢香港研究资助局(项目编号:9242104;项目编号:9042596)及香港城市大学(项目编号:6354020)提供资助。敬乂嘉感谢中国国家自然科学基金委员会(项目编号:Grant 71490735)、国家社会科学基金委员会(项目编号:Grant 15ZDA031)和韩国教育部和韩国国家研究基金会(项目编号:NRF-2016S1A3A2924956)的支持。原文发表在Public Policy and Administration 的第 34 卷第 2 期,文章的翻译和发表得到出版社授权。本文由复旦大学国际关系与公共事务学院研究生陈阳和周霓羽共同翻译。

** Edoardo Ongaro,英国开放大学教授、欧洲公共管理学会(EGPA)会长;公婷,香港城市大学公共政策学系教授、复旦大学国际关系与公共事务学院特聘讲座教授;敬乂嘉,复旦大学国际关系与公共事务学院教授。

一　中国的多层级治理

市场化、全球化和社会体制改革从根本上改变了中国公共事务的治理。为应对前所未有的挑战，公共治理的价值观、结构、过程和手段都有所调整。值得注意的是，共同的问题、需求和利益已经诱导各层级政府的合作行动以及各相关利益方的参与，比如政府间组织、民营企业、非政府组织和公民。国际和全球化的影响在这个相互协同的发展过程中是显著的。借用源起欧洲的概念，我们把这种现象叫做多层级治理(multi-level governance)(Marks, 1993;Enderlein, Walti & Zurn, 2010; Ongaro, 2015)。多层级治理的安排对中国来说可能是全新的模式，在一些诸如控制犯罪、养老服务、技术创新和贸易投资、国内外移民、预防腐败、救灾、水和自然保护等领域，可以发现存在朝此发展的趋势(Jing, Brown and Gong, 2012)。多层级治理的发展将重塑主要基于等级、公共性和主权的传统公共行政视角。

关于中国多层级治理的研究将对基于普世关怀和特定情境的智力好奇作出回应。多层级治理是一个丰富的概念，以政府间关系和合作治理为特征(Huxham & Vangen, 2005; Jing et al., 2012; Jing, 2015)，包含许多重要理论的议题。那么，什么是多层级治理？其中的参与者和他们的互动模式是什么？在多层级治理的制度安排中，问题是如何确定的，如何设置议程和制定决策、实施和评估？多层级治理的学习过程是如何展开的，以及如何在多层级治理框架下进行风险控制和利益分配？多层级治理目前应用的和待开发的技术工具有哪些？多层级治理的发展如何影响国家、社会和市场的关系？国内外因素如何干预和形塑了参与者和最终结果？如何评估多层级治理体系的绩效表现？对中国的多层级治理的研究，能够有助于在中国情境下理解这些问题，也有望带来新的研究视角和具有普遍价值的新议题。

中国在 2010 年成为世界第二大经济体，2017 年对外经济依存度

(国际贸易额除以 GDP)达 33.6%。作为人口最多和经济迅速增长的国家,中国不可避免地面临老龄化、收入分配、两极分化、性别失衡、经济发展不平衡、腐败和污染等严峻的挑战。中国的政府间体系正变得更加扁平和鼓励合作,以应对这些挑战,同时政府与外部参与者的合作越来越多,包括那些深度依附于政府的组织到完全独立的组织(Liu, Zhao & Wang, 2010; Jing, 2012)。由于中国庞大的体量和内部多样性,根深蒂固的治理文化和实践,具体议题的路径和心理惯性,以及外部参与者的能力不足,中国多层级治理的发展道路也不断面临新的问题。因此,从多层级治理角度来研究中国在理论和实践上都具有重要意义,既能对当下公共政策和行政管理理论产生新的理解,也为中国和世界提供重要的治理思路。

二　多层级治理的概念与理论架构

多层级治理是什么? 马克斯(Marks, 1993:392)提供了一种极简定义,即多层级治理是“一种在多地区层级上相互嵌套的政府间进行持续谈判的系统。”Ongaro 在 2015 年出版的《多层级治理:缺失的联系》一书中加入非国家行为者的角色,并回顾了多层级治理的定义,即“在多个行政层面对政府和非政府行为者的同时激活”(Piattoni, 2010b:159)。

源自多层级治理理论的研究视角已经广泛应用于从政治动员(政治)、政策制定(政策)到国家重组(政体)等问题。因此,将多层级治理看作是一个理论而不仅仅是一个描述性词语是合理的,或者是至少作为与其他理论结合从而得出理论性解释的分析框架。

Piattoni(2015:326)详细描述了多层级治理的概念,强调了其独有的特征:

> 我认为,只有当我们认真对待“多层级治理”这一术语的两个

> 组成部分(multi-level 和 governance)时,相对新颖的多层级治理概念才是真正有价值的。如果真实层级只有两个,则“multi”作为前缀不合理,因而需要调查次国家层面的动态。如果我们只讨论政府行为者,那么“nance”作为后缀是不合理的,其中“政府的”(governmental)是指行政或政治行为者通过直接或间接的基于代表性授权的行为来合法地决定和实施政策。只有在非政府行为者参与权威决策时(与他们单纯地参与执行或评估决策相反),或是在政府或非政府行为者以新颖方式在公共政策的决策、实施和评估中实施互动时,这个后缀才是合理的。

尽管 Sartori 总是对社科领域的概念延伸提出警告(1970),然而自 Piattoni 之后,我们注意到学术界对多层级治理概念的“过度延伸”产生了兴趣,因此它可以作为一种灵活的可适应性强的总括概念来促进不同认知共同体之间的对话。欧洲作为多层级治理的发源地尤其如此。在欧洲,多层级治理在某种程度上已经成为其独特治理结构的代名词(Ongaro & van Thiel, 2017, 第 1 章)。多层级治理的主要推动力来自两个越来越受到学术关注的领域,即第一,超越以国际关系理论来理解欧洲事务,欧盟(EU)事务正逐渐成为成员国之间的内部事务而非“国际关系”问题;第二,超越欧盟一体化理论,以便将视角从解释推动一体化进程的动力转向理解欧盟在设立后的运作。

多层级治理研究也许存在第三种推动力,即超越“传统的”以及更多以美国为中心的政府间关系(IGR)研究,这些研究被认为不太容易捕捉到跨国界治理的独特性(参见 Ongaro 等,2010 年,2011 年,对“欧洲”多层级治理和“美国”政府间关系研究的系统性比较)。多层级治理的概念意味着两个层级以上的政府能对政策制定产生影响,并且强调超越单纯的政府行为,转向治理方法。这与 20 世纪 90 年代在西方同期的“治理转向”极为吻合。

正如 Hooghe 和 Marks(2001)提出的研究议程设置,近来越来越多研究由多层级治理在欧盟产生的原因转向多层级治理为何不仅在欧洲产生还出现在了其他地方。Piattoni(2015)提出了一系列高水平阐述，这些阐述解释了多层级治理安排产生的广泛因素。其中包括“区域觉醒”解释(自20世纪60年代、70年代、80年代始)、全球化解释(20世纪90年代)和跨国社会动员解释。此外，欧盟还有一种“区域一体化的阐释”，反过来又鼓励世界其他地区(实际上过去比现在更多)在还未完全一体化的情况下，尝试加强区域经济政策合作，例如拉丁美洲的南方共同市场、东南亚的东盟、非洲联盟及其前身，等等。

然而，这并不是规避给多层级治理下定义这一艰难挑战。我们意识到这个概念的内涵范围越丰富，其概念的指向性就越有限(Sartori 1984)。Schmitter(2004:49)发展了一个更加层级狭义和严格的多层级治理定义，层级即“多层级治理是一种作出有约束力决策的安排，它将在行政领域不同层级的多个政治上相互独立但在其他方面相互依赖的公共和私人行动者，引入或多或少持续的协商、审议和实施过程中，同时并不给任何一个这样的层级配置排他性的政策竞争力，或者向其主张成立一个稳定的政治权威等级。”这一概念使得多层级治理的概念能够被精确区分是什么或不是什么，因而可推进该术语的解释性和规范性使用，而非更宽泛的描述性使用。

然而，当将多层级治理的概念扩展到其西北欧发源地以外以及超出欧盟研究之外的各种政体和政治体系时，在更为广义和更为狭义的定义之间进行权衡的需要就更加清晰。将狭义概念的多层级治理适用于中国就会面临一些挑战，例如，是否可以假设政府层级彼此“独立”，是否所有参与者都是平等的，以及非国家行为者在中国的多层级治理中的角色是什么。然而这些并不必然影响在中国背景下多层级治理的解释力。事实上，世界上大多数国家都存在单一制的政府体制，公共领域的参与者在政治上彼此独立是不常见的。此外，在世界上大多数地区，社会行动者的权力和能力仍然无法与政府相比，它们在公共事务中的参与相当有限。在这些地方，非国家行为者在多层级治理中的作用可能与其在西北欧的同类作用不同。在这种背景下，多层级治理的规范目的正是为了帮助这些行动者发展自己的能力，并为它们在治理中的互动参与提供空间。我们认为遵循Piattoni(2015:326—327)的定义更为合适,即多层级治理是“一种政策制定安排,其特点是同时激活不同辖区层面的政府和非政府行为者,从而创造不存在等级的互动关系和网络。”我们同意Piattoni(2015)的看法,尽管多层级治理结构挑战了威斯特伐利亚国家的理想概念,其最终影响仍然取决于所有参与者的动员能力。

还应该指出的是,治理的概念具有不同的意涵,值得一提的是区分多层级治理与其他类似概念,比如网络治理(network governance)就是其中之一。网络治理的概念是指随着时间的推移而形成的松散结构的横向关系。网络内部的合作通常是基于相互信任且相互依存的行动者之间的非正式协议(Fenwick, Van Uytsel & Wrbka, 2014)。因此,网络的特征通常是非正式社会系统之间的协调,而不是由科层结构来协调(Jones, Hesterly & Borgatti, 1997)。多层级治理当然可以在形式上变现为具有相互资源依赖的行动者网络,但多层级治理和网络治理之间有一些易于观察到的差异。网络治理往往由具有共同利益的行动者组成,他们通过非正式但常规化的关系联系起来,专注于地方问题,而且通常更积极地参与政策实施而不是制定政策。多层级治理则超越了网络,在决策和实施过程中吸引不同层面和不同行政辖区范围内的各种行动者。多层级治理的运行机制可以是非正式的,也可以是正式的,可以是常规的或临时的,也可以是自愿的或强加的。

多层级治理也不同于合作治理(collaborative governance)。正如Ansell和Gash(2007:544)所言,合作治理是一种治理策略,通过该策略“一个或多个公共机构直接将非国家利益相关者纳入正式的、共识导向的和慎重的集体决策过程中,以制定或实施公共政策或管理公共项目或资产”。他们的关键概念在于,合作治理使参与者能够直接参与决策,而不仅仅是“被咨询”(Ansell & Gash, 2007)。合作治理往往被视为一种正式的治理形式和结构安排。Walter和Petr(2000:495)认为,合作治理是一项“涉及联合活动、联合结构和共享资源”的正式活动。多层级治理和合作治理之间的一个重要区别在于,虽然两者都将“协作"作为一个不可或缺的组成部分,但合作治理通常不涉及两个以上层级的政府实体的复杂结构,因为它通常关注单个政府或少数同级政府机构。如此来看,如果不是理论上,至少在其大多数实证应用中,合作治理缺乏政府间要素和层级随之而产生的多层级治理的复杂性。为了扩大合作治理的范围,将其视为一般性政策工具,Ansell 和 Gash(2017)将协作平台含义概念化,以之作为研究基础来探讨各种各样的实例。虽然许多案例是"国际性的"——一些国际政府或非政府行动者参与其中,通过利用合作优势来获得政策成果,但几乎没有一个案例的核心涉及超国家层面,也没有强调政府间关系。相反,多层级治理要处理多个参与者以及更复杂的政策制定和实施结构中的问题,这些结构往往包含超国家行为者。我们并非在为合作治理、网络治理、多层级治理之间划出一个明显的鸿沟,因为它们至少部分地在概念上和经验上是可渗透的。相反,我们强调,无论是网络治理(强调网络作为分析单位)还是合作治理(强调以协作优势作为分析单位)都不应该被用作多层级治理的替代路径(强调以复杂治理系统的多层级性质作为分析的主要单位)。在本质上,我们主张这三个框架——合作治理、网络治理以及多层级治理——是揭示同一复杂现象的不同方面的重要互补概念。

简而言之,多层级治理提供了一个新的视角,其分析强度仅部分地被现有概念所涵盖,并且可以通过包含不同背景的比较分析进一步探索。多层级治理通过超国家层面产生与主权和区域合作相关的问题,这些问题在公共政策和行政研究中通常是缺失的。它假设一个复杂的政府结构,政府主体之间可能(或可能不)具有等级关系,尽管他们之间的关系不一定受这种等级的约束。跨部门合作是多层级治理的一个基本组成部分,在促进或塑造多层级与多管辖区的政府之间的协作方面发挥着作用。因而,合法性在多层级治理的运作中始终是一个重要的、有时甚至是主要的关注点。多层级治理必须争取制度适当性,因为它涉及多个参与者,处理多方面问题,并需要在复杂的制度环境中运作。

三 将多层级治理应用于中国

鉴于其西方起源，将多层级治理视角应用于中国公共治理研究的意义何在呢？实际上，人们一直担心多层级治理是否适用于中国的背景。然而我们认为，在中国采用多层级治理方法进行治理研究是恰当和可行的。在中国，无论是政府间的还是跨辖区的、纵向的或横向的、正式或非正式的合作，都已成为处理各种治理问题的主要趋势。

在国际层面，中国作为国际和地区事务的重要参与者，与世界各国交流日益频繁。自 1978 年改革开放以来，中国在经济增长、社会转型和国际化方面取得了令人瞩目的成就，而且通常是按照中国自己的方式。中国已成为世界第二大经济体，积极参与地区性与全球性合作，例如东盟与中日韩“10 + 3”计划，并签署了《巴黎协定》。中国坚定地试图通过“一带一路”和“人类命运共同体”等概念来塑造全球治理议程。作为世界上三分之二以上国家的主要贸易伙伴，中国还通过扩大文化交流和社会交往，努力加强软实力。这是一个双向的过程，因为中国的全球化也使全球规则、价值观和期望成为影响国内治理的自然源泉。

在国家层面，中国自 1978 年以来的改革表明了一种明显的权力下放趋势，特别是在经济和行政领域。因此，中国多层级的政府体制发展出了全新的协作特色。中国有五个正式的政府层级（中央、省、市、县、乡），长期以来这其中的协调都极富挑战性。中央—地方经济职能部门的协作更像是财政联邦主义（Montinola，Qian & Weingast，1995）。相互独立的行政管辖区之间的横向合作也迅速发展（Chen，Ma & Suo，2015）。中央政府在许多地方经济合作领域的作用相当有限。

在次国家单位层面，公共事务的跨部门合作也迅速增长。几十年的市场化创造了强大的经济力量，它们不再像过去那样由政府直接控制，私营企业在与政府合作安排下积极提供经济基础设施和公共服务。由于国家控制的减弱，社会组织加快了发展。社会服务提供的各种协作模式在中国城市得到了尝试和广泛的应用。虽然合作并不总是在平等的基础上进行，权力分享往往是非正式和有限的，但社会组织有时在环境保护等政策领域发挥极其重要的作用。

纵向和横向协作的快速发展让中国成为在多层级治理最初应用地点以外研究其解释力的理想案例。那么，我们如何将多层级治理应用于中国背景呢？Hensengerth（2015）提供了一些宝贵的切入点。他将规模（scaling）概念纳入了对中国文化—政治背景下多层级治理适用性的讨论，并且他认为要使多层级治理在其他文化背景下具有实用性，“它需要摆脱作为权威所在原尺度的考量以及和思考自主治理的概念和概念的规模，而且最重要的是需要在制定和实施政策时绘制权力关系，以达到分析深度”（296）。在这里，规模指的是嵌套的地理层级（全球、区域、国家和地方），特别是政治权力和地理单位不一致或纵向和横向的权力关系存在冲突（Hensengerth，2015；Bulkeley，2005；Delaney & Leitner，1997）。其中决策涉及多个层面，但不一定遵循严格的自上而下的过程。正如 Hensengerth（2015：296）所言：“集权政体可能高度分散，并受制于行政改革过程中可能出现的复杂决策过程。”这可能导致充满活力和自反性的治理系统，其显示出确保政权在不断多样化的社会和不断变化的外部环境中生存的必要适应性技能。

根据这一论点，将多层级治理的概念应用到中国需要采用一种规模变化和再变化的过程。在经济和行政改革的推动下，中国的国家权力沿着纵向和横向的方向进行了扩大或缩小（Li & Wu，2012；Luo et al.，2014）。权威在纵向与横向上的转移是相互联系的，因为国家必须在执行其政策时保持合法性和有效性（Buchs，2009）。国家权力的缩放与纵向和横向的权力扩散相似，但它是一种更为灵活的工具，因为它认可正式和非正式地重组空间和获得扩散动机的需要。它超越了国家权力的给定层级，赋予各级参与者在政策过程中更大的灵活性和解释力（Hensengerth，2015）。

有关规模调整的论点，认为多层级治理必须以一种灵活的方式适应中国的环境。为了补充这个论点，规模调整的应用还有另一层意义；也就是说，全球层面和国际政策体制（例如环境政策领域的《巴黎协定》）在某种程度上可能在功能上等同于更严格定义的多层级治理（Piattoni, 2010, 2015）所要求的更上级的和“独立”的治理层级。虽然中国显然不存在“超越国家”级别的政府，但国际政策体系可能可以进入国内层面而成为决策变量。例如，国际环境机制与中国政府对环境状况恶化的担忧所耦合时，就能够看出这一点。因为超国家的安排在多层级治理安排中不容易受到国家或地方当局的影响，甚至会形成一种相对于国家政府的独立的较高层级。由于这些原因，多层级治理架构只能在中国的某些政策而不能在其他领域被检测到。

四　中国的多层级治理：对本专刊文章的概述

起源于欧洲的多层级治理概念如何在中国语境中被理解？它是否为更好地了解中国正在进行的公共治理改革和快速的社会变革提供了新的见解或解释力？中国的情况能给多层级治理现有的研究文献补充什么？本期专刊中的三篇文章试图从不同的角度，基于多样而丰富的经验事实来回应上述问题。文章采用特定部门的案例或数据来分析中国多层级治理的发展，着重分析其发展轨迹、特征和影响。

这三篇文章涉及不同层级的治理，从公众参与、私营部门作用到全球行动者对公共事务的参与治理，反映了多层级治理研究的一些关键主题。尽管这些文章的关注点和视角不尽相同，但是都指出，在中国某些政策领域，多层级治理有明显的发展态势，表明了利用多层级治理这一视角来理解近几十年来中国治理改革巨变的重要意义。

从公众参与在中国背景下是一个经验研究而不是规范现象的观点出发，Hensengerth 和 Lu 研究了环境抗议在追求对地方政府问责制的同时，如何促进了地方的制度构建，推动了在中国的权威主义体制下发展一种多层级治理模式。通过对三个案例的深入分析，他们认为环境抗议活动提高了环境治理的有效性。更具体地说,这些抗议导致政府作出重大让步,并导致建立地方制度,以有利于更多的公众参与。抗议者成功地为政府与公民的互动以及环境决策过程中责任机制的形成争取到了空间。环境政策制定对非国家行为主体的开放,赋予了普通公民更多的权利,促进了他们从社会层面参与公共治理,从而促进了多层级治理在中国的发展。综上所述,Hensengerth 和 Lu 的文章关注的是国家与公民在加强环境治理中的互动。

Jing 和 Li 的文章探讨了国家和非国家行为者之间的相互作用如何反过来加强了国家内部的政府间关系。他们认为,关于协同治理的现有文献没有充分关注到一个事实,即非国家行为者在公共治理中的参与可以理顺不同层级政府间的关系。以中国"互联网+"国家战略为例,Jing 和 Li 的文章阐述了多层级治理的发生过程和发生条件。长期以来,中国的行政机构面临权力僵化、信息不对称、沟通不畅以及跨职能部门和跨行政区域协调不力等问题。这些问题导致政策制定和实施的支离破碎,政府机构被狭隘利益所局限。私营企业参与"互联网+"战略的制定和实施,有利于帮助打破公共部门和私营部门、中央政府和地方政府之间的协作隔阂。Jing 和 Li 的研究也发现在促进政府间关系和敦促政府采取协调一致政策方面,私营企业展示了一定的信息传递、价值塑造、公众倡导和政策协调职能。它们是"互联网+"国家战略政策过程中不可或缺的一部分。Jing 和 Li 的研究还表明,多层级治理并不一定意味着国家和非国家参与者要保持平等的关系;即便如此,多层级治理仍然带来了更大的开发性、更分散的权力配置和更广泛的公众参与。

Yitian Huang 的文章研究多层级治理的行政安排如何影响中国出口产业的行为,探讨当前政策偏好"气候相关"而非"气候中心"战略的内在驱动力。Huang 区分了两种不同的"气候友好型"行为,"气候相关"型政策行为并不直接旨在减少温室气体的排放,而是寻求减缓气候变化对环境保护的辅助效益。"气候中心"型政策则致力于减少排放以及促进节能。Huang 的分析表明,在以国家为中心的气候政治和以市场为主导的气候治理融合的多层级治理体系中，中国出口企业更倾向于前者而非后者。出口企业的态度和行为受到多层级治理网络中持不同观点的各种行为者的影响。一般而言，国际规范、跨国公司和非政府组织希望推动中国出口企业采用“气候中心”型行动，而国内刺激增长的政策环境，则鼓励中国出口商参与“气候相关”的商业活动。因此，尽管全球范围内共同努力应对气候变化显得很有必要，但在多层级气候治理方面，气候友好型战略确实存在目标、战略和评估方式的分歧。中国出口企业的行为受到全球互动和国内关切、政治和市场力量、公共和私人参与者的多重形塑。Huang 的文章强调了各种力量的相互作用，也构成了多层级治理的动态特征。

五　多层级治理与政治发展

多层级治理一词的应用起源于欧洲，特别是作为一种概念性工具借以更好地理解欧盟的性质，但其适用在不同的文化和政治环境中也带来了一些理论性问题。欧洲对多层级治理的研究，通常暗示或明示自由民主政体是多层级治理体系的组成部分。遵守一套相当严格的自由主义和民主标准是成为欧盟成员国并得以存续的必要条件。尽管近些年来欧盟内部也面临着一些挑战，所谓的哥本哈根标准，包括个人权利的保护、法律面前人人平等、自由选举、公平竞争获取资源等，都被纳入欧盟条约和总体监管体系并得到执行。

考虑到重建欧洲民主制度的蓝图，而多层级治理结构又对传统问责链构成挑战，学者开始重新审视现存的一些代议制民主设置。民主面临挑战的一个重要来源是跨国体制的扩散。Piattoni（2015：332）将其描述为“基于授权和问责（传统意义上）的追求民主概念的幻想，这种概念并不适用于相互关联的情境，（因此）民主的概念不仅仅只是需要授权—问责的关系。”

其中一个重大议题，就是授权框架以及跨国体制和网络给代议制的问责性带来的挑战。多层级治理因为模糊了民主体制下的委托人和代理人之间的问责关系而受到批评(Piattoni, 2015)。它通常有多个委托人和代理人,即多头责任的问题(Benz, 2007; Papadopoulos, 2007),导致授权和问责的因果链断裂(Curtin, 2007; Scharpf, 2009)。Piattoni认为(2015:335)民主合法性的标准已经改变或者应当改变。

> 首先,我们必须正视用治理取代政府所带来的挑战:无论治理是"政府+"还是"政府-"(Sbragia 2002:6),这都意味着将私人主体纳入公共政策制定,而私人主体从代议制的民主观点看并没有民主资质(Piattoni 2013)。总之,这种愿景目前来讲是错误的,我们也必须就国家、国家内或超国家的情况而更新我们的民主概念。

Piattoni概述了在相互关联的情境中重新定义民主的要素,其中借鉴了非支配(Pettit, 1997)、容忍(Weiler, 2003)和团结(Habermas, 2011)的概念。Piattoni建议(Piattoni, 2015:342)这种全新的扩大的"跨国民主"概念可能导致更具包容性的集体目标,而非依循已建立的民主渠道作出的决策。这种概念也包含以下定义:"民主为个人赋予自由和平等公民权利的一套制度,从而个人能够来一起建立和改变共同生活的规则,包括民主本身。从这个意义上说,民主是自反性的,包含着各种程序,公民可以通过这些程序对民主的规则和实践进行审议。因此,民主是一种自治的理想形式,民主的条件和界限都由公民自己而非他人决定"(Bohman, 2007:2)。Piattoni(2015:342)进一步指出:"跨国民主意味着非支配,这反过来意味着应该充分关注所有受影响方的利益和想法,使得可能会干预他们自由的决定具备合法性。"总而言之,正如Piattoni所说,这一雄心勃勃的重新审视民主的尝试会带来一系列安排和设想,在我们目前生活的多样的跨国的背景下,在欧盟甚至欧盟以外的地方,公民可能会感觉到再次"赋权"。

应该指出,这样一个初步的重新审视21世纪民主的尝试并未放弃或排除任何自由民主的原则:保障和促进作为公民和人的个体权利的普遍性、法律面前公民平等的激进观念、赋予所有公民权利并让他们参与政治制度的未来塑造等。因此，该论点认为，自由民主区别于其他政治制度的独特性仍然保留，然而它也需要一些重建。

这种关于民主的概念性工具是如何与中国情境下多层级治理的运用产生关联呢？有趣的是，这个议题也恰逢中国对于西方民主危机的讨论，特别是在 2016 年美国总统大选之后。西方式的民主长期被批评为不适合中国，而现在中国学界的一些学者也认为，即使是对西方社会而言，西方民主也从根本上存在缺陷。相反，中国一直坚持“中国特色社会主义”作为其政治经济发展道路，自 1978 年改革开放以来，政府在促进经济发展和社会繁荣上的表现逐步成为政权合法性的基础。这反映了中国文化和政治的重视实际——经济增长和社会发展已成为政治目标和宗旨。中国是绩效型合法性的典型案例，或者确切借用欧盟研究的定义，称之为“输出型合法性”(Scharpf，1999)。

与很多其他国家相比，中国集权的、庞大复杂的官僚机构有着更长的历史。控制和动员这样一个拥有复杂内部系统和动力机制的国家机器，也一直是一项挑战。1978 年以前的政治制度虽然赋予内部人士获取稀缺资源的特权，但也有效剥夺了他们的自由裁量权和逐利自肥的机会。1978 年以后的改革仍然在一个整合的政治体系下推进，在和发展目的以及国家建设优先性保持一致的条件下，创新得到了制度的认可和支持。中国经济的市场化和行政权力的分权密切相关，行政权力下放为现存官僚关系内外的纵向和横向合作提供了空间，发展红利也能够在多层级政府和社会行动者之间共享。此外，经济绩效为中国在世界上的存在提供了合法性基础，对外开放带来的经济效益也抵消了对外界不确定性和挑战的恐惧。

中国的社会组织和公民参与公共治理是一个渐进的过程。随着绩效指标逐步扩大到经济和社会领域，私营企业和社会精英开始越来越多地被吸纳到治理过程中。公民的直接参与，比如参与性预算编制和公民意见调查也开始出现。为了回应社会对基础设施、公共服务以及其他公共产品等越来越多的务实性需求，出现越来越多的跨部门联合行动和与之相应的非正式的权责共享。当政府和外部组织因特定目的产生合作时,后者可能会在无意中获得一定程度的决策权。在中国,合作治理更可能是一个预期之外的后果,而不是一个预设的政策结果。

因此,多层级治理在中国的总体情境和制度设置与欧盟有所不同,这也或许为欧洲和中国的公共行政学者提供一个有趣的比较研究案例。以绩效合法性发展作为公共治理基础,为多层级治理在中国的出现创造了政府间和跨部门条件。与多层级治理安排相关的权力分配,可能被视为中国政治与行政发展的工具性因素。比如分权的体制会比高度集权的体制更具弹性,因为分权的结构下地方政府往往对决策负有主要责任(Hess,2013:2—5)。继 Hess 之后,Hensengerth(2015:303)进一步指出:“权威主义体制的权力下放,包括有限的公众参与,并不一定导致体制涣散。相反,它可以通过改善体制绩效表现和为公众不满创造阀门来自我加强。因此,权力的分配直接关系到政府能否通过增强能力来取得更好的绩效,以实现更大合法性。”进一步来说,这种建立治理体系合法性的尝试,致力于运用制度来实现共同之善,使得社群中的所有个体成员最终都因此受益,这与卢梭提出的社会契约形式的合法性有异曲同工之处(Bird, 2006; Ongaro, 2017)。如果再次借用欧盟研究的术语,中国目前的治理现实可以更多地被视为追求“输出型合法性”,一种依赖于政治制度所制定公共政策的产出或结果的合法性,而不是首先基于如何选择决策者的“输入型合法性”。

我们试图用一个引人关注但同时可能存在负面且过度延伸的结论来结束此文:多层级治理的发展可能是建立中国政治制度合法性过程中的一部分,就像它成为欧洲探索重建陷入困境的传统自由民主制的一种尝试。尽管存在截然不同的发展轨迹,中国和欧洲的政策制定者和知识分子在采用多层级治理时,不仅仅是把它作为一般性的政策或分析工具,而且也是一个具有目的导向的雄心勃勃的行动方案:也就是说,提高各自政治体系的合法性,进而强化其政治基础。这反映了多层级治理的具有极强规范性和目的性的应用。

参考文献

Ansell C. and A.Gash. 2008. "Collaborative governance in theory and practice," *Journal of Public Administration Research and Theory*, 18: 543—571.

Ansell, C. and A.Gash(2017). "Collaborative Platforms as a Governance Strategy," *Journal of Public Administration Research and Theory*, 28: 1, 16—32.

Benz A. (2007). "Accountable multilevel governance by the open method ofcoordination?" *European Law Journal(Special issue)*, 13:505—522.

Bird C. (2006) *An Introduction to Political Philosophy*. Cambridge: Cambridge University Press.

Bohman J. (2007). *Democracy Across Borders: From Dêmos to Dêmoi*. Cambridge: The MIT Press.

Bulkeley H. (2005). "Reconfiguring environmental governance: Towards a politics of scales and networks," *Political Geography*, 24:875—902.

Büchs M. (2009). "Examining the interaction between vertical and horizontal dimensions of state transformation," *Cambridge Journal of Regions Economy & Society*, 2:35—49.

Chen B., Ma J. and Suo L. (2015). "China's regional networked governance: The case of '9 + 2' networks of interlocal agreements," In: Jing Y (ed.) *The Road to Collaborative Governance in China*, London and New York: Palgrave McMillan, 187—208.

Curtin D. (2007). "Holding(quasi-)autonomous EU administrative actors to public account," *European Law Journal*, 13:523—541.

Delaney D. and Leitner H. (1997). "The political construction of scale," *Political Geography*, 16:93—97.

Enderlein H., Walti S and Zurn M(eds.)(2010). *Handbook on Multi-level Governance*, Cheltenham and Northampton: Edward Elgar.

Fenwick M., Van Uytsel S. and Wrbka S. (2014). *Networked Governance, Transnational Business and the Law*, Berlin and Heidelberg: Springer-Verlag.

Habermas J. (2011). "Europe's Post-Democratic Era. The Guardian," Retrieved from http://www.theguardian.com/commentisfree/2011/nov/10/jurgen-habermas-europe-post-democratic.

Hensengerth O. (2015). "Multi-level governance of hydropower in China? The problem of transplanting a western concept into the Chinese governance context," In: Ongaro E(ed.) *Multi-Level Governance: The Missing Linkages*. Bingley: Emerald Group Publishing Limited, 299—326.

Hess S. (2013) *Authoritarian Landscapes: Popular Mobilization and the Institutional Sources of Resilience in Nondemocracies*, New York: Springer.

Hooghe L and Marks G. (2001). *Multi-level Governance and European Integration*. Lanham, Boulder, New York, Toronto and Oxford: Rowman & Littlefield Publishers.

Huxham, C. and S.Vangen(2005). *Managing to Collaborate: The Theory and Practice of Collaborative Advantage*, London: Routledge.

Jing Y. (2012). "From stewards to agents? A case of intergovernmental management of public-nonprofit partnership in China," *Public Performance and Management Review*, 36:230—252.

Jing Y, Brown T. and Gong T. (eds.)(2012). "Collaborative governance in mainland China, Taiwan, and Hong Kong: Trends, issues and perspectives," *International Public Management Journal*, 15:393—404.

Jing Y. (ed.)(2015). *The Road to Collaborative Governance in China*, London and New York: Palgrave McMillan.

Jones C., Hesterly W, and Borgatti S. (1997). "A general theory of network governance: Exchange conditions and social mechanisms," *The Academy of Management Review*, 22:911—945.

Li Y. and Wu F. (2012). "The transformation of regional governance in China: The rescaling of statehood," *Progress in Planning*, 78:55—99.

Liu Y., Zhao G. and Wang S. (2010). "Many hands, much politics, multiple risks: The case of the 2008 Beijing Olympics stadium," *Australian Journal of Public Administration*, 69:85—S98.

Luo X., Cheng Y., Yin J. and Wang Y. (2014). "Province-leading-county as a scaling-up strategy in China: The case of Jiangsu," *China Review*, 14:125—146.

Marks G. (1993). "Structural Policy and Multi-level Governance in the European Community," In: Cafruny A and Rosenthal G(eds.) *The State of the European Community: The Maastricht Debates and Beyond*, Boulder: Lynne Rienner, 391—410.

Montinola G., Qian Y. and Weingast B. (1995). "Federalism, Chinese style: The political basis for economic success in China," *World Politics*, 48: 50—81.

Ongaro E. (ed.) (2015). *Multi-Level Governance: The Missing Linkages*, Bingley: Emerald Group Publishing Limited.

Ongaro E. (2017). *Philosophy and Public Administration: An Introduction*, Cheltenham and Northampton: Edward Elgar.

Ongaro E., Massey A., Holzer M. and Wayenberg E. (eds.) (2010). *Governance and Intergovernmental Relations in the European Union and the United States: Theoretical Perspectives*, Cheltenham and Northampton: Edward Elgar.

Ongaro E., Massey A., Holzer M and Wayenberg E(eds.) (2011). *Policy, Performance and Management in Governance and Intergovernmental Relations: Transatlantic Perspectives*, Cheltenham and Northampton: Edward Elgar.

Ongaro E and Van Thiel S. (eds.) (2017). *The Palgrave Handbook of Public Administration and Management in Europe*, London and New York: Palgrave McMillan.

Papadopoulos Y. (2007). "Problems of democratic accountability in network and multilevel governance," *European Law Journal(Special issue)*, 13: 469—486.

Pettit P. (1997). *Republicanism: A Theory of Freedom and Government*, Oxford: Clarendon Press.

Piattoni S. (2010). *The Theory of Multilevel Governance*, Oxford:

Oxford University Press.

Piattoni S. (2013). "Representation as delegation: A basis for EU democracy?" *Journal of European Public Policy*, 20:224—242.

Piattoni S. (2015). "Multi-level governance: Underplayed features, overblown expectations and missing linkages," In: Ongaro E(ed.) *Multi-Level Governance: The Missing Linkages*, Bingley: Emerald Group Publishing Limited, 321—342.

Sartori G. (1970). "Concept misformation in comparative politics," *American Political Science Review*, 64:1033—1053.

Sartori G. (1984). "Guidelines for Concept Analysis," In: Sartori G (ed.) *Social Science Concepts: A Systematic Analysis*, Beverly Hills: Sage Publications, 15—85.

Sbragia A. (2002). "The dilemma of governance and government," *Jean Monnet Working Paper 3/02*, NYU School of Law.

Scharpf F.W. (1999). *Governing in Europe*. Oxford: Oxford University Press.

Scharpf F.W. (2009). "Legitimacy in the multilevel European polity," *Leviathan*, 37:244—280.

Schmitter P. (2004). "Neo-neofunctionalism," In: Weiner A and Diez T. (eds.) *European Integration Theory*, Oxford: Oxford University Press.

Walter U.M. and Petr C.G. (2000). "A template for family-centered interagency collaboration," *Families in Society the Journal of Contemporary Human Services*, 81:494—503.

Weiler J.H.H. (1951). "In defence of the status quo: Europe's constitutional sonderweg," *Discussions of the Faraday Society*, 10:18—26.

私人部门对多层级治理的促进作用：中国“互联网+”国家战略*

敬乂嘉　李丹瑶**

［内容提要］ 本文认为，私人部门可采取合作治理的方法来促进政府间政策的制定和实施。具体而言，中国民营经济的增长资源丰富的私人部门创造了利益、能力和动机，在合作治理过程中将碎片化的政府间政策体系联系起来。基于对中国“互联网+”国家战略的研究，本文发现中国互联网企业通过采取信息传递、价值塑造、公众倡导和政策协调等策略，在事实上促进了政府间的政策制定、实施与协调。私人部门这种不同寻常的积极性是个人、产业、制度和全球因素共同作用的结果。本文提供了中国多层级治理实践的证据，并揭示了多层级治理形成和运作的有机联系。

［关键词］ 多层级治理；互联网+；政府间关系；合作治理；中国

［Abstract］ This paper argues that private actors may take a collaborative governance approach to facilitate intergovernmental policy making and implementation. Specifically, the rise of private sector economy in China has engendered interests and opportunities for resourceful private actors to link fragmented intergovernmental policy system. Using China's "Internet +" national strategy as a case, the paper finds that internet firms, by adopting collaborative strategies like mediating, brokering, leveraging, and coordinating, contributed significantly to a concerted and swift process of intergovernmental policy making and implementation. Individual, industrial, institutional and global factors together induced such unusual private activeness. The paper offers evidence of China's MLG practices and identifies an organic linkage in the formation and functioning of MLG.

［Key Words］ Multi-Level Governance; Internet +; Intergovernmental Relations; Collaborative Governance; China

---

* 本研究得到国家自然科学基金（项目编号：71490735）、国家社会科学基金（项目编号：15ZDA031）、韩国教育部和韩国国家研究基金（项目编号：NRF-2016S1A3A2924956）的支持。原文发表在 *Public Policy and Administration* 的第 34 卷第 2 期，文章的翻译和发表得到出版社授权。本文由复旦大学国际关系与公共事务学院硕士生曹佳翻译。

** 敬乂嘉，复旦大学国际关系与公共事务学院教授；李丹瑶，印第安纳大学公共与环境事务学院博士生。

作为理解欧盟决策的一种方法，多层级治理（multi-Level governance）的概念最初出现在欧盟治理的背景之下（Marks，1992，1993；Hooghe & Marks，2001，2003）。它所指的是“在各管辖层次上，政府和非政府部门行动者活动的同时启动”（Piattoni，2010）。日益复杂的公共事务越来越需要多个行动者的共同治理（Pierre & Peters，2000）。欧洲一体化过程中产生了超国家层，这为既有的地方、国家和区域问题治理增添了新复杂性，而多层级治理在欧盟的普及正反映了这一现实（Zito，2015，Kassim，2015；Schout & Mijs，2015；Van Zimmeren et al.，2015）。欧洲之外，既有研究已尝试将多层级治理应用到美国和中国等其他背景下（Ongaro et al.，2010，2011；Hensengerth，2015）。

尽管如此，有学者担心多层级治理仍旧仅是一个框架性概念，尚未成为系统理论（Ongaro，2015）。多层级之间关联的缺失可能会限制其分析和因果推断能力。值得注意的是，多层级治理的有效性取决于政府组织之间，以及政府与外部行动者之间的协作能否顺利实现，但目前缺乏对纵向和横向治理模式如何相互赋权而不是相互制约的分析。具体而言，虽然新公共管理等改革浪潮扩大了私人部门行动者参与公共事务治理的范围（Savas，2000），但这种参与对政府间政策制定过程的影响目前还存在知识空缺。

因此，本研究的核心问题是分析私人部门如何在纵向上改善多层级治理。关于合作治理的现有文献对其赋权效果进行了丰富的讨论，政府因此获得了信息、生产力、资源甚至合法性等外部能力（Donahue & Zeckhauser，2011；Kettl，1993），但既有文献中尚不明确的是外部行动者如何将多层政府联系起来。这主要是因为目前的协作研究倾向于将政府看作一个单位或是由同一层级的行动者组成的团体/网络，未能充分考虑政府间关系及其结构属性。因此，在合作治理中引入多层级政府的概念并分析公私协作如何能加强政府间政策制定和实施将是一次有益的研究探索，它有望揭示多层级治理框架内的有机联系，尤其是在私人部门发挥的治理作用日益增强的背景之下，他们可能会有意识地采取战略来促进政府间进程的顺利进行。

中国提供了探索这一问题的有趣背景。中国有五个正式的政府层级（中央、省、市、县和乡镇），构成了一条较长的指挥和控制链。尽管没有欧盟的超国家层，但 1978 年以来的分权改革释放了地方政府的力量，并创造了巨大的地方经济。①经济领域的权力下放导致碎片化，这需要政府间的协作（Montinola et al., 1995）。与此同时，市场化改革推动了私人部门参与公共服务供给和地方事务治理（Brown, Gong, & Jing, 2012; Jing, 2015）。中国近年来在公共服务外包和公私合作方面的政策突破尤其体现了这一点。②虽然上级政府有意利用政府和私人部门之间的合作来调整政府间关系（Jing, 2012），但现有研究尚不明确私人部门如何采取战略弥补政府间在政策制定上的碎片化。尽管本土的治理概念、规模和权力关系可能使中国的多层级治理与欧盟大为不同，但对中国案例的研究可能有助于找出多层级治理中这一缺失的关联（Hensengerth, 2015）。

本文将对 2015 年 3 月中国中央政府出台的"互联网 +"国家战略进行案例研究。该案例是政府间和公私合作中政策快速有效制定和实施的一个例子。民营互联网企业在政策过程中的参与为探讨私人角色在增强多层级治理方面的作用提供了独特的视角。本文行文如下：第一部分通过分析私人部门在中国不断变化的制度环境中的潜在桥梁作用，构建理论框架。接着，介绍"互联网 +"国家战略的制定和实施，并分析互联网企业为促进政府间关系所采取的战略。之后，进一步讨论这种间接和非正式协作的成功因素。最后提供进一步的分析和结论。

---

① 2015 年，中国各省的平均人口规模为 4 400 万。2016 年，广东省的 GDP 与澳大利亚和俄罗斯相当。

② 2013 年，国务院办公厅发布《关于政府向社会力量购买服务的指导意见》（国办发〔2013〕96 号），鼓励向社会力量购买服务。该指导意见与美国联邦政府发布的《A-76 号通知》相当，但它适用于中国的各级政府。

一　连接碎片化政府的私人部门

20世纪80年代，学界提出“碎片化权威主义”的概念用以描述中国政府间政策制定和实施的内部不一致性（Lieberthal & Oksenberg, 1988; Lieberthal & Lampton, 1992）。这种碎片化反映了权力在职能和管辖范围上的严格划分、利益错位、信息不对称以及协调机制的缺乏。虽然碎片化可能会为竞争和创新留出一些空间（Cheung, 2012; Korsnes, 2014; Van Aken & Lewis, 2015），但它通常被视为集体行动的障碍。市场化和新商业集团的崛起进一步加剧了现有的碎片化程度（Brødsgaard, 2012）。

目前关于政府间碎片化的研究往往侧重于政府采用的重塑政府间结构和简化程序的解决方案。大多数情况下，中国政府使用行政重组来处理横向分割问题（Lema & Ruby, 2007）。新世纪以来的大部制改革是对跨部门协调问题的主要回应（Dong et al., 2010）。由总理、副总理或国务院各委员会领导的议事协调机构一直是一种通常的解决方案。为处理纵向分割问题，中国采取了各项措施，例如自上而下的绩效评估（Burns & Zhou, 2010）以及统一任命高级职位（Zeng, 2016）。激励机制也是常用的措施，比如20世纪80年代引入的分税制，它旨在协调各级政府之间的财政激励（Wang, 1997）。总体而言，主流观点认为政府间碎片化应在内部加以处理。

这种观点可能忽视了1978年后在政治行政体制以外崛起的经济和社会力量。2015年，在城市地区的4.04亿劳动人口中，27.7%由民营企业雇用，16.5%由国家和公共组织（包括国有和集体企业）雇用，其余为自营职业或受雇于外资企业和混合所有制结构的企业（中国国家统计局，2016）。2017年，按收入计算，民营企业占中国企业500强中的226家，达到历史最高点。[①]不受国家直接控制的强大经济力量的崛

① http://www.fortunechina.com/fortune500/c/2017-07/31/content_287415.htm，财富中国，2017-09-10。

起推动着国家以各种方式吸纳新的经济精英来扩大其执政基础，比如在人民代表大会、人民政治协商会议等政治代表机构中提供相应职位。2011 年的胡润的中国财富 500 强报告显示，全国人民代表大会里面 70 位最富有的代表总财富达 850 亿美元。这些代表大多是民营企业家。有充分的证据表明民营企业家通过参与政治而在经济上获益，他们积极利用政治资本来寻求有利的政策并克服政府间碎片化可能带来的障碍（Cho，2003；Manion，2008；Li et al.，2006；Jia，2014）。有人认为，碎片化威权主义的演变应当反映出外部经济和社会力量的崛起，这可能为新精英的参与提供结构性的机会（Gilley，2012；Teets，2013；Cai，2014；Mertha，2009）。

私人部门主动采取行动来影响制度和社会环境。"企业政治活动"（Hillman et al.，2004；Lux et al.，2011）和"非市场策略"（Boddewyn，2003；Lux et al.，2011）等文献为本研究提供了一些见解与支持。既有研究显示，为了寻求监管和其他利益，企业和利益集团积极扩大其对公共政策过程的影响（Holburn & Bergh，2008；Sawant，2012；Oliver & Holzinger，2008），并采取游说、选区建设、财政捐助、倡导和组建联盟等政治策略（Weidenbaum，1980；Boddewyn & Brewer，1994；Hillman & Hitt，1999；Hillman et al.，2004；Bonardi et al.，2005；Oliver & Holzinger，2008）。在政府间环境中，私人部门也可以采取这些策略以最大化其利益，但必须展现出其行为的公共利益来宣示合理性。

在中国的语境下，多层级治理中私人部门的促动作用可能具有如下一些特征。首先，他们的主要任务是说服中央政府改变政策。由于中国有五个级别的政府，企业尤其是那些拥有全国市场的企业有较强的动机来确保这些层次的政策制定和实施是一致和可预测的。通常，民营企业在接触中央政府之前，已经与地方政府建立并维持了良好的合作关系。为了进一步改善政策环境，下一步的主要目标是说服中央政府关注地方实践，学习已获得的经验教训，并了解国家政策变化的需求。更具体地说，有必要使中央部门相信政策变革的必要性，创造变革的动力，并促进他们之间的协调。这与中国公共部门的创新模式相对应，即地方政府首先采取一些政策变革或创新，然后中央政府可以采纳成型的模式作为国家政策。

其次，私人部门对政策过程的干预在很大程度上取决于他们所具备的政治合法性。由于各种经济和社会利益的政治代表仍然大部分被国家垄断，私人部门积极的政策参与行为缺乏正式制度的充分支持，往往不太正式或只是补充性的。在政府间关系的情境中，这点尤为突出。私人部门必须同利益不同，甚至相互冲突的多个政府部门打交道。法团主义体制的发展提供了让私人部门行动者成为政治代表的正式渠道，例如让民营企业家成为人大成员，相关的私人行动者可以最大限度地利用这些商业优势和机会。尽管中国没有西方的游说和财政捐助，但其他多种参与形式在中国得到了广泛运用(Kennedy, 2009)。因此，不同领域的私人部门在政治上的活跃性和有效性在很大程度上取决于法团主义体制在实施政治吸纳时的优先次序。

第三，由于中国政府与企业之间的高度不对称关系，私人部门普遍倾向于提供有利条件来诱导政府间的反应。民营企业家愿意与国家合作，而不是成为与国家对立的自治力量(Dickson, 2003)。由于中国的政策制定多数情况下是封闭的体系，私人部门的政治参与往往是对缺乏成熟市场制度和财产保护的回应(Bai et al., 2006; Li & Zhang, 2007)。民营企业家公开宣布其政策观点并迫使政府采取行动是十分冒险的。尽管他们可能对正式的参与渠道有质疑，但几乎不会诉诸公开批评或集体行动(Jia, 2014)。

上述分析表明，合作治理是私人部门介入政府间政策制定和实施，并发挥促进作用的最佳且可能是唯一可行的战略。私人部门行动者会利用其资源优势，帮助克服政府间的官僚碎片化。因此，本文将借用Donahue 和 Zeckhauser(2011)的合作治理框架，从私人部门的协作优势——信息、资源、生产力和合法性——四个角度出发，探讨私人部门与多层级政府共享这些资源的策略。

二 “互联网 +”:案例和数据

“互联网 +”的概念是由民营互联网企业易观国际的创始人于扬在 2012 年首次提出的。2015 年 3 月李克强总理在十二届全国人大第三次会议的政府工作报告中正式采纳了这一概念。会议期间,广东省代表、互联网企业腾讯的董事长马化腾提出,要充分利用互联网技术,振兴传统产业,推动中国创新型经济发展。在接下来的 7 月,国务院颁布《关于积极推进“互联网 +”行动的指导意见》(国发〔2015〕40 号)。该指导意见为创新创业、制造业、农业、能源、金融、公共服务、物流、电子商务、交通、生物和人工智能等关键领域制定了发展目标和扶持措施。四个月后,国家发展和改革委员会召开首届“互联网 +”部际联席会议,11 个中央政府机构参加了会议,旨在促进“互联网 +”战略的跨部门协调。同时,该政策得到各地的积极响应,广东、福建、江苏和四川等省迅速推出了自己的“互联网 +”行动计划。地方政府与民营互联网企业之间签署了大量战略合作协议,百度、阿里巴巴和腾讯三家企业占绝大多数(三者合称 BAT,类似的信息通信技术企业后文将简称为BATs)。① “互联网 +”的政策过程为多层级治理提供了一个生动的中国案例。

笔者通过互联网媒体、政府网页和网络数据库等公开渠道,收集了“互联网 +”的官方文件和新闻报道等二手数据。本文重点关注了 2012 年至 2015 年互联网企业与多层级政府的互动,分析 BATs 在促进多层级治理过程中的作用。本文将互动的途径归纳为如表 1 所示的七种主要类型。

① 李彦宏领导的百度、马云领导的阿里巴巴和马化腾领导的腾讯是中国领先的互联网公司,三家公司通常被合称为 BAT。百度总部设在北京,是最大的搜索引擎公司。腾讯总部位于深圳,提供电子商务、手机聊天、社交网络、门户网站、在线支付等多项服务。阿里巴巴总部设在杭州,主要通过门户网站提供 C2C、B2C 和 B2B 电子商务服务,拥有最热门的在线支付系统,并且一直在开发云计算。

表1 互联网企业与多层级政府的互动途径

1. 经济座谈会	中央层面：定期的总理经济形势座谈会。 地方层面：地方主政者召开经济形势座谈会。 决策者向与会的互联网企业代表收集信息、建议和意见。
2. 领导人实地考察	中央或地方领导人主动亲自到某一家或几家特定的互联网企业进行实地考察。
3. 领导人会见	中央或地方领导人同某一家或某几家互联网企业负责人、代表等会面。
4. 集体学习	中央层面：政治局集体学习有关互联网的内容；中央机构邀请互联网企业代表到政府部门授课、讲座等。 地方层面：主政者通过邀请互联网企业代表到政府部门授课、讲座等。
5. 政治身份	互联网企业的领导人兼任全国或地方人大代表、政协委员等政治身份。
6. 战略合作协议	中央层面的部门或机构、地方政府或部门同互联网企业签订战略合作协议。
7. 国际国内会议	中央或地方政府举办的以互联网为主题的国际或国内会议，邀请互联网企业参加。

资料来源：作者自制。

三 分析："互联网+"国家战略中的私人部门

在"互联网+"政策过程中，BATs所采取的策略取决于他们具有的独特资源。本文借鉴了Donahue & Zeckhauser(2011)的合作治理框架，并根据私人部门可能用来克服政府间碎片化的资源——信息、价值/知识、合法性和运作能力——归纳研究了如下四种战略。

（一）信息传递

政府间政策制定首先是一种信息博弈。虽然中国官僚机构的层级之间有自己的纵向信息流动渠道，政策制定者也可以从公共研究机构和智库获取信息,但信息差距始终存在(Wedeman, 2001)。中国共产党传统的反官僚主义意识形态鼓励官员通过直接调查获得一手资料,这诱使私人部门通过提供信息来影响公共政策(Hillman & Hitt, 1999)。由于其经济技术的复杂性,"互联网+"政策的制定为民营互联网企业创造和传播信息提供了特殊的优势。

民营互联网企业传送信息的一个主要渠道是通过政府领导人的实地考察。每年中央和地方领导人都会安排几次实地考察,以收集重要政策问题的新信息。近年来,领导人对互联网企业的访问十分频繁。2010 年 6 月,总理温家宝访问位于浙江省省会杭州的阿里巴巴总部。2012 年和 2013 年,工信部部长访问百度。2015 年 1 月 4 日,李克强总理与工信部、国家发改委、财政部、中国银监会和中国证监会等多个部委领导实地考察新成立的微众银行——腾讯牵头发起设立的中国首家互联网银行。李克强通过互联网完成了微众银行的第一笔贷款交易,向一名卡车司机贷款 35 000 元。2015 年 12 月,习近平主席在第二届世界互联网大会的百度展区,听李彦宏介绍百度无人驾驶车的情况。这些考察为互联网企业提供了向中央领导和机构直接展示其创新性、能力和成果的机会。由于这些考察通常由一级甚至二级官员陪同,互联网企业可以通过他们的演示和问答互动来同步政府间体系的信息。

经济形势座谈会和会见是决策者向私人部门行动者收集信息和建议的两种主要方式。总理经济形势座谈会定期召开,邀请企业家、学者和官员讨论重要的经济问题。2013 年年初总理温家宝主持的座谈会中,马云和马化腾都受邀出席。2013 年 10 月至 2016 年 1 月,李克强总理共主持了七次经济形势座谈会。在座谈会的 65 名受邀者中,BAT、小米①和搜狐②等企业的代表成为常客。此外,政府决策者也常通过非正式的会见来收集信息。例如,在 2010 年初全国人大代表会年度会

---

① 小米是一家民营电子公司,总部设在北京,主要设计、生产和销售智能手机、移动应用、笔记本电脑和各种消费电子产品。

② 搜狐是一家互联网公司,总部设在北京,提供广告、搜索引擎、在线游戏和其他在线服务。

议之前，温家宝曾邀请李彦宏讨论农村地区的互联网服务。2014年11月在中国乌镇召开的第一届世界互联网大会上，李克强总理会见了阿里巴巴、新浪、京东、[①]小米等互联网企业的企业家。在座谈会和会见上，受邀参加的嘉宾畅所欲言，以便领导人能够接触到真实的信息和意见。

除了中央政府，全国各层级政府也在举行实地访问和经济座谈会。例如，阿里巴巴经常是杭州市政府、浙江省政府或中央政府举办此类活动的东道主和嘉宾。互联网企业可以利用这些机会向各层级政府提供一致的信息。

与地方政府相比，互联网企业在向高层政府传达当地信息和需求方面具有特殊的优势。互联网企业是市场参与者，拥有该行业及其前沿发展的第一手信息。此外，它们本身就是信息的创造者和处理者，在表达地方需求和提出解决方案方面更加专业。像BAT这样的行业领导者使中央政府能够方便地听取来自该行业的声音。由于BAT和其他ICT企业通常在多个省份开展业务，他们更了解行业的总体问题和地方政府面临的共同问题，因此他们提供的信息一般不会被视为仅仅代表总部所在地的局部利益。

（二）价值塑造

行政体系对“互联网+”的价值共识不是自动形成的。在官方议程上，各种政策问题始终存在着优先次序的竞争。此外，新经济与传统经济之间潜在的零和博弈可能会在政府内部及各层级产生分歧。作为回应，私人部门行动者可以向政府积极地创造和传播关于这些问题的系统知识，并建立信任联盟（Aggarwal, 2001）。他们了解中央政府的政策问题以及地方政府的实施问题，因此可以把这些问题沟通到各级政府并帮助找到平衡点。他们积极促进央地之间以及代表不同行业利益的机构之间取得双赢，进而来倡导政策制定。他们向政府输送协作价值并成为负责任的利益相关者。

---

① 京东是一家电子商务公司，总部设在北京，是中国最大的在线零售商之一。

ICT企业采取多种策略来展示“互联网+”的价值及其长期和整体效益。一种策略是向多层级决策者提供基于互联网新经济的系统知识。BAT公司都有自己的研究机构：百度深度学习研究院、阿里研究院和腾讯研究院。这些机构定期发布有关ICT行业和经济的研究报告，并将其提供给各级有关政府机构。中国共产党各级委员会的集体学习热衷于邀请互联网企业开展讲座。中共中央政治局由二十多名成员组成，定期就反腐败、司法改革等不同主题进行集体学习。2013年9月，中共中央政治局第九次集体学习在北京科技中心中关村进行。联想、[①]百度和小米的企业代表受邀就大数据等问题发表演讲。国家发改委（2011年）、中国证监会（2015年）等中央机构也举行了类似活动。在地方层面，马云曾于2014年受邀在浙江省发改委演讲；马化腾于2015年在上海向高级官员讲授“互联网+智慧城市”；雷军受湖北省委书记邀请在2015年举办研讨会。更低层级的政府也在进行类似活动。

更为直接有力的策略是民营企业家利用在体制内部的正式职位来获得政策回应。由于成功的ICT企业家经常在不同层级的政府系统中担任代表职位，他们利用这些职位进行政策倡导。例如，马化腾作为全国人大代表曾在2013年第十二届全国人大会议期间呼吁政府考虑将互联网发展作为国家战略。随后，2015年他向全国人大第三次会议提交了正式提案。另一位全国人大代表雷军在2014年第十二届全国人大第二次会议期间提出类似建议，并向媒体发出呼吁。李彦宏在2014年第十二届全国政协第二次会议新闻发布会上也发出类似的呼吁。通过在这些场合的发声，ICT领导者们展示了所倡导政策的公益性。

这些民营企业家所持观点具有一致性。第一，由于消费者行为和国家能力的变化，ICT推动的新经济不可避免，这也是西方发达国家一直在推动的。支持者认为中国虽然落后，但具有后发优势。适当的政

① 联想集团有限公司是一家跨国科技公司，中国总部设在北京，主要设计、制造和销售电子设备，如个人电脑、智能手机等。

策将使中国从一个互联网大国变成一个互联网强国，使中国成为第四次工业革命的领导者。第二，“互联网＋”是一种可持续发展战略。虽然它可能在短期内损害一些传统行业，但从长远来看，它会使传统行业恢复活力并提高其竞争力。进一步的观点包括增加就业的净效应，尽管这会导致就业结构发生变化。例如，淘宝——中国版本的 Ebay——声称尽管有大量实体店倒闭，其网络零售业创造了 1 000 多万个就业岗位。

（三）公众倡导

私人部门可以通过提高社会对特定政策问题的价值和认识来促使政府间的协调反应（Schuler & Rehbein，1997；Oliver & Holzinger，2008）。通过大众教育和利益协调，他们与公民和媒体对话，教育和激励他们保持和自己一致的政策立场，并协调行事（Baysinger，1984）。随之而来的社会期望和合法性压力可能会引发政府的反应（Getz，1997）以及不同政府参与集体行动的意愿（Hillman & Hitt，1999；Bonardi & Keim，2005）。互联网企业拥有大量互联网用户。2016 年 1 月，中国的互联网用户达 6.88 亿，为互联网企业提供了在商业和政策领域创造和引导社会关注和议程的机会。一个典型的案例是淘宝网在 2009 年创建的“双十一”网购狂欢节。作为中国版的“黑色星期五”，它在 2016 年 11 月 11 日为淘宝创造了 1 207 亿元的交易额。

大众媒体是互联网企业在“互联网＋”战略上达成社会共识的主要途径之一。互联网企业一直积极维护新浪、百度和搜狐等官方新闻网站，并创建像 QQ、微博和微信等自媒体。截至 2015 年底，微信拥有 5.49 亿个活跃个人账户，对高收入社会群体的渗透率极高。互联网企业收集、处理和分发信息的能力已得到各级政府的认可。截至 2014 年 12 月，政府微博数量为 27.7 万（国家电子政务专家委员会，2014），政府微信超过 4 万（腾讯微信团队，2015）。同年 10 月 11 日，国务院同时启动微博和微信，实时发布重大决策、活动和重要文件。会议和公开讲座也有效吸引社会关注。2015 年，第二届“乌镇峰会”吸引了 2 000 多名政府官员、专家和企业家。此次峰会由 ICT 企业媒体全面报道，在全球范围引起关注和热议。像马云这样具有魅力的 ICT 领导者可以在公开场合发言或演讲，通过公共媒介等有效的途径宣传、扩散自己的政策观点。他在美国的一系列讲座，如斯坦福大学的讲座，受到热烈欢迎。

互联网企业有其自有的方式来提高公民支持度。在提出“互联网＋”概念之前，互联网经济已经有效地改变了人们的日常生活。市民可以轻松地购买消费产品，支付公共水电费，安排旅行，订购食物，进行银行交易，并通过互联网服务组织社交。BATs 还声称可以为中小型企业的发展服务。基于其公益性——其服务所创造的消费者福利和经济基础设施——这些企业进行政策倡导和建议。公民支持和国际知名度为 BATs 在官僚体制下提供了合法性和自信。一个典型的案例是，2015 年 1 月，阿里巴巴公开表示反对国家工商总局发布的调查报告，该报告称通过淘宝销售的产品中只有 37%是正品。阿里巴巴在其网站上质疑国家工商总局的抽样和评估方法存在问题，并就其下属的网络监管司违反正当程序和情绪执法问题向国家工商总局投诉。这场争端引起公众的广泛关注。国家工商总局局长最终亲自会见马云，并宣布共同努力打击假冒伪劣产品。

（四）政策协调

可见的政策成功将引发进一步的政策跟进甚至突破。地方政府的实施资源对政府间政策的实施至关重要。私人部门可以为地方政府提供经济和技术资源来实现中央政策的落地，从而使政府间体系相信该政策的可行性。私人部门的政策主张通常自动将其运作能力考虑在内，因此颁布的政策很容易实施。

BATs 在地方实施“互联网＋”战略中发挥着非常重要的作用。“互联网＋”成为国家战略仅一个月后，腾讯就与长沙、无锡、大连、广州、武汉、深圳、佛山等 21 个地方的市政府签署了战略合作协议。与此同时，阿里巴巴与全国 17 个以上的城市建立新的数据云服务合作关系，并开始在其总部城市杭州开展 40 多个提供公共服务的政府项目。全国 29 个城市采用阿里巴巴运营的在线支付平台支付宝进行公共服务支付。大多数电子商务公司，如淘宝和京东，扩大和深化了与县政府的合作，计划在农村地区发展电子商务。总体来说，“互联网+”战略得到了地方各级的积极落实。许多基层政府也制定了“互联网+公共服务”计划。

政府间的顺利实施充分显示了BATs的事前准备。首先，BATs开发了同公共和私人部门合作的可重复的商业模式。由于ICT的技术特性，BATs总部可以轻松、经济地为新建立的服务终端提供技术支持。因此，在新的地方应用标准化商业模式仅需要低成本的新投资。其次是，通过过去几年BATs与地方政府的合作，双方建立了互惠互信的关系。这种关系为政策的快速实施奠定了基础。例如，浙江省与阿里巴巴的合作历史悠久，浙江省大部分城市与它达成协议。贵州省省会贵阳市领导在2012年至2015年期间与BATs代表通过多种途径进行了16次接触。在“互联网+”国家战略启动两个月内，贵阳就与腾讯建立了战略合作框架，将大数据应用于公共服务供给。

四　讨论：理解“互联网+”案例中私人部门的积极性

“互联网+”是多层级治理在中国的一个非常特殊的案例，它使私人部门行动者实际地参与政府间政策的制定和实施。虽然中国存在很多合作治理的地方案例(Jing, 2015)，但私人部门如此深入地参与“互联网+”国家战略的决策过程却很少见。尽管仍然难以判断BATs在多大程度上促成了“互联网+”国家战略的形成，但普遍的看法是，如果没有他们的积极参与，要迅速地制定和实施该政策几乎是不可能的。下文将分析影响多层级治理在中国适用性的因素。

(一) 个人因素

BATs的领导者是公认的有能力的政策企业家，大部分受过良好教育并具有管理才能。他们中的大多数是白手起家，在早期的职业生涯中经历了困难时期。他们的领导魅力、创新热情和财富故事使他们成为中国社会的焦点和大众影响力的中心。作为一个群体，他们的政治头脑极大地赋予了他们在复杂的政策舞台上进行论证和说服的能力。这首先反映在 BATs 的战略性上——作为体制内部和外部的连接者，他们有计划地使用其政治资源来引起政治关注。作为各级政府之间的非正式媒介，他们战略性地推动政府间信息、价值和意图的交流，以服务于他们的商业利益。他们加剧了地方政府之间以及中央机构之间对创新领导力的竞争。他们利用自己在政治和代表机构中的地位和他们作为社会和技术精英的受欢迎程度来影响公众舆论。尽管在倡导"互联网＋"中进行了多个复杂的博弈，但他们不会采取施加压力的挑战性行为。上述阿里巴巴叫板国家工商总局的事件，也是因为担心国家工商总局的报告会给阿里的主要业务带来灾难性的法律和市场后果。用诱导的办法积极回应各级政府的担忧，他们降低了进入并联系碎片化的政府间体系的门槛。

ICT 领导者始终如一地强调公共利益。为了避免监管干预并减少传统行业的反感，这些企业家通常通过风险投资和提供免费服务来开展业务。例如，最大的共享出行公司"滴滴出行"在 2016 年初为 400 多个城市的近 3 亿注册用户提供服务。自 2012 年成立以来，投资者已投入数十亿美元资金，为消费者和出租车司机提供免费服务。在线购物网站淘宝对卖家和买家也都是免费的。BATs 的商业模式通常充分利用他们的信息、网络、声誉和客户群。他们也在渐进式地进入银行和金融行业等其他领域。庞大的消费者福利和明显的产业升级表明 BATs 得到政府的很大认可。在公共利益话语下，BATs 领导人以惊人的速度赚取了巨额财富。2016 年，中国首富榜排行上有四家是 ICT 企业的所有者，包括 BAT 三家公司和网易公司。在 2010 年只有一个。

（二）产业因素

产业因素加强了 ICT 企业在政府间博弈中的作用。十多年来，中国政府一直在通过创新来强调产业转型。然而，2008 年的国际金融危机迫使政府再次依赖扩张性财政、金融政策以及房地产业来缓解经济下行压力,导致经济转型进展缓慢。2013 年,“大众创业、万众创新”正式成为国家战略行动计划。“互联网+”为拓展和延伸中国制造业和服务业的价值链提供了机会,并重新调整了他们的生产、分配和消费活动。这为等待解决方案的中国政府提供了一种合法性。

蓬勃发展的 ICT 产业成为新经济的领头羊,这为中国经济的发展提供了可期待的前景。据估计,2013 年互联网经济规模占中国 GDP 的 4.4%,到 2025 年可能带来 GDP 增量中的 7%—22%(MGI, 2014)。2015 年,BAT 净利润分别增长 155%、195%和 21%。2016 年 10 月 18 日,新浪博客在纳斯达克上市的市值为 113.5 亿美元,比 Twitter 高出 1 000 万美元。从市场份额、技术能力和标准制定能力来看,BAT 显然是新兴 ICT 行业的领导者。如此高的产业集中度和随之而来的等级权力结构促进了 ICT 行业的集体行动。强烈的群体意识和群体认同增强了这个行业的领导能力。BAT 领导者表现出了集体认同和对共同挑战与机遇的认识。虽然他们在电子支付、O2O 和共享出行等领域进行了激烈的竞争,但他们对政府放松管制和政策支持的一致追求使他们为促进政府间合作而不懈努力。这是合理的,因为现阶段的“互联网+”政策制定了对所有 BATs 都有利的政策框架。市场一直在快速增长,正和博弈的条件是充足的。BATs 之间的合资和共同持股也就不足为奇。

另一个重要因素是在 ICT 行业中国有企业的式微。作为一个以技术创新、风险投资和跨行业经营为特征的新兴产业,国有企业由于其固有的业务、僵化的决策结构、风险规避和工资限额等而无法处于主导地位。中央政府有意采用 ICT 产业政策作为放松产业管制的突出案例,鼓励民营企业的更积极、更具竞争力的经济角色。中央的支持也解释了为什么 BATs 可能会与银行等大型国有企业合作并“侵入”它们的地盘。此外,BATs 的能力为中国政府实施“一带一路”战略等国内外政策提供了重要的硬实力和软实力,从而为 BATs 与决策者接触和谈判提供了有利条件。

（三）制度因素

中国重视实际的制度体系为 BATs 提供了重要机遇。第一个有趣的因素是中国共产党传统工作方法的扩展使用,如上述实地考察、集体学习和会见。通常这些活动是在党内组织的,但这些做法正越来越多地涉及民营企业,而最近中央领导通过让更多 ICT 企业家参与其中而使这种现象常态化了。这符合中国的法团主义实践,即通过自我调整来适应不断变化的社会经济条件。如前所述,ICT 领导人绝大多数通过获得各级政治组织的成员资格来获得政治权力。这些安排为他们提供了影响政策和促进业务发展的机会(Cho, 2003; Manion, 2008; Li et al., 2006; Jia, 2014)。虽然微调一直是法团主义体制保持活力的基本条件,但对绩效合法性的重视为调整和重组提供了根本动力。近年来 ICT 企业家逐渐在体制中实现了对传统产业企业家的替代,这恰好反映了他们对经济的显著贡献。

(四)全球因素

另一个值得关注的方面是政府在全球背景下对合法性和国家安全的考虑。西方国家批评中国政府对互联网的审查制度,谷歌在 2010 年退出中国大陆的行为就凸显了这一点。尽管谷歌、Facebook 和 Twitter 等外国 ICT 企业无法进入中国市场,但类似的服务是中国消费者需要的。国内 ICT 企业的发展将减少公众的不满。BAT 等国内公司凭借自身的能力和成就反驳了国外的批评。更重要的是,ICT 企业是大数据的创造者和收集者,通常也是媒体运营商,可以直接影响到国家经济和政治安全。在外国供应商不可靠、国内国有企业能力有限的情况下,中国政府唯一的选择是鼓励国内民营企业在建设性伙伴关系和有效监管的框架下发展。这就解释了为什么中国领导人开始更多地会见 ICT 领导人,就像美国的实践一样。这种对合法性和国家安全的需求为 ICT 企业提供了很大的与政府协商的能力。

中国成为互联网治理和数字经济全球领导者的雄心为 ICT 企业提供了进一步的影响力。作为一个后来者,中国政府提倡互联网共享治理原则,鼓励政府、国际组织、互联网企业、技术团体、非营利组织和公民个体等多方参与。在 2017 年 3 月发布的《网络空间国际合作战略》中,中国主张建立多边、民主、透明的全球互联网治理体系。BATs

等私人部门的参与最能体现这些主张。毫无疑问,BATs 自 2014 年世界互联网大会召开以来,在会议中发挥了关键作用。实际上,会议本身就遵循了多层级治理方法。该活动由中央政府、浙江省政府和桐乡市政府联合举办,并与阿里巴巴集团和摩拜单车等一系列 ICT 企业建立了合作伙伴关系。

五　结　　论

本研究旨在发现多层级治理中缺失的关联,即促进政府层级间合作的私人部门。鲜有研究致力于发掘这些私人部门行动者,特别是在中国国情下的私人部门,可能会如何采取协作战略促进政府间政策制定,以及这些战略为何会取得成功。本文揭示了治理问题的复杂性以及政府间合作治理的发展趋势,初步探讨了民营企业在多层级政府体系中的桥梁作用。本文构建的理论框架强调了制度环境对私人部门的形塑作用。中国的一元化政体、不断发展的法团主义制度和不对称的政商关系都为民营企业提供了机会和制约。本文认为,在促进多层级治理方面,私人部门行动者可能会集中于动员中央政府,充分利用法团主义体制提供的政治资源,并采取以资源为基础的策略。

“互联网+”国家战略的案例研究为多层级治理提供了一个生动的例子。本文的分析表明,BATs 一直积极向政府间体系提供第一手的、处理得当且可信的信息;他们是知识的创造者和传播者,利用他们正式的政治职位来敦促政府作出反应;他们利用大众媒体和新媒体来凸显问题,并通过新的商业模式和提供福利来获得公众支持;他们为政策快速成功地实施提供了条件,以获得积极的政策反馈。这些行动弥补了政府间体系的碎片化弊端,并在一定程度上解释了这一私人概念成为国家战略的快速过程。虽然目前评估 BATs 确切的政策影响还为时过早,但毫无疑问,他们在这种快速的政策制定过程中扮演了不可或缺的角色。

本研究尽管选择了一个成功的政策案例，但它却提醒我们多层级治理有效运作的微妙条件。由于多层级治理由政府间和跨部门合作组成，其可持续性取决于有意识地努力创造、维持和协调有利的政治、管理和法律条件。幸运的是，“互联网＋”案例得益于政策企业家精神、ICT 行业的繁荣以及应对这种产业转型的制度弹性。全球因素的影响也很明显。因此，私人部门的积极作用不应该被过度延伸和模式化。尽管 ICT 企业具有相当高的地位，但他们对政策的干预是创新性的而不是革命性的。政府间决策的基本模式并没有改变。仔细研究该案例会发现，中国政府在支持和影响外部行动者的参与方面发挥了一贯的作用。不同级别的政府不是被动地回应，而是控制议程，操作顺序，并触发政策之窗。总之，他们使 ICT 企业参与进来，而不是企业使他们参与进来。

“互联网＋”案例揭示了多层级治理的框架在拓展其应用范围上还需要一定的灵活性。虽然公共事务仍普遍属于国内治理范畴，但多层级治理概念中的超国家层级可以被全球影响所替代。此外，在中国的背景下，当问题的本质主要是地方性时，中央政府只能监督地方之间遵循既定的规则进行合作和竞争，那么中央政府可以被视为超国家层级。这些条件的放宽可以拓展多层级治理的适用性，更好地适用于那些主权国家管辖范围之内的问题。该研究还表明，多层级治理可能发生在政府与非政府部门之间关系不完全独立或平等的情形下。这与现有的合作治理文献相互照应，这些文献将合作治理应用于国家在经济和社会发展中起主导作用的环境中。

参考文献

国家电子政务专家委员会：《中国电子政务年鉴》，中国社会科学文献出版社 2014 年版。

国家统计局：《中国统计年鉴》，中国统计出版社 2016 年版。

腾讯微信团队：《“互联网＋”微信政务民生白皮书》，腾讯研究院 2015 年印。

Aggarwal K. (2001). "Corporate market and nonmarket strategies in Asia: A conceptual framework," *Business and Politics*, 3:89—108.

Bai E., Lu J. and Tao Z. (2006). "Property rights protection and access to bank loans," *Economics of Transition*, 14:611—628.

Baysinger D. (1984). "Domain maintenance as an objective of business political activity: An expanded typology," *Academy of Management Review*, 9:248—258.

Boddewyn J. (2003). "Understanding and advancing the concept of 'nonmarket'," *Business and Society*, 42:297—327.

Boddewyn J. and Brewer L. (1994). "International-business political behavior: New theoretical directions," *Academy of Management Review*, 19: 119—143.

Bonardi P. and Keim D. (2005). "Corporate political strategies for widely salient issues," *Academy of Management Review*, 30:555—576.

Bonardi P., Hillman J. and Keim D. (2005). "The attractiveness of political markets: Implications for firm strategy," *Academy of Management Review*, 30:397—413.

Brødsgaard K. (2012). "Politics and business group formation in China: the Party in control?" *The China Quarterly*, 211:624—648.

Brown T., Gong T. and Jing Y. (2012). "Collaborative governance in mainland China and Hong Kong: Introductory essay," *International Public Management Journal*, 15:393—404.

Burns, J.P., and Zhou, Z. (2010). "Performance management in the government of the People's Republic of China: Accountability and control in the implementation of public policy," *OECD Journal on Budgeting*, 2010: 1—28.

Cai Y. (2014) "Managing group interests in China," *Political Science Quarterly*, 129:107—131.

Cheung P. (2012). "The politics of regional cooperation in the Greater Pearl River Delta," *Asia Pacific Viewpoint*, 53:21—37.

Cho N. (2003). "Symbiotic neighbour or extra-court judge? The supervision over courts by Chinese local people's congresses," *The China Quarterly*, 176:1068—1083.

Dickson J. (2003). *Red Capitalists in China: The Party, Private Entrepreneurs, and Prospects for Political Change*, Cambridge: Cambridge University Press.

Donahue D. and Zeckhauser J. (2011). *Collaborative Governance: Private Roles for Public Goals in Turbulent Times*, Princeton: Princeton University Press.

Dong L., Christensen T. and Painter M. (2010). "A case study of China's administrative reform: The importation of the super-department," *The American Review of Public Administration*, 40:170—188.

Getz K. (1997). "Research in corporate political action: Integration and assessment," *Business and Society*, 36:1—24.

Gilley B. (2012). "Authoritarian environmentalism and China's response to climate change," *Environmental Politics*, 21:287—307.

Hensengerth O. (2015). "Multi-level governance of hydropower in China? The problem of transplanting a western concept into the Chinese governance context," In: Ongaro E. (ed.) *Multi-level Governance: The Missing Linkages*, Bingley: Emerald Group Publishing Limited, 299—326.

Hillman J. and Hitt A. (1999). "Corporate political strategy formulation: A model of approach, participation, and strategy decisions," *Academy of Management Review*, 24:825—842.

Hillman J., Keim D. and Schuler D. (2004). "Corporate political activity: A review and research agenda," *Journal of Management*, 30:837—857.

Holburn L. and Bergh V. (2008). "Making friends in hostile environments: Political strategy in regulated industries," *Academy of Management Review*, 33:521—540.

Hooghe L. and Marks G. (2001). *Multi-level Governance and European Integration*, Lanham: Rowman and Littlefield.

Hooghe L. and Marks G. (2003). “Unraveling the central state, but how? Types of multi-level governance,” *American Political Science Review*, 97:233—243.

Jia N. (2014). “Are collective political actions and private political actions substitutes or complements? Empirical evidence from China's private sector,” *Strategic Management Journal*, 35:292—315.

Jing Y. (2012). “From stewards to agents? A case of intergovernmental management of public-nonprofit partnership in China,” *Public Performance and Management Review*, 36:230—252.

Jing Y. (2015). *The Road to Collaborative Governance in China* (ed.), New York: Palgrave Macmillan.

Kassim H. (2015). “Revisiting the ‘management deficit’: Can the commission (still not) manage Europe?” *Multi-Level Governance: The Missing Linkages*, Bingley: Emerald Group Publishing Limited, pp.41—62.

Kennedy S. (2009). *The Business of Lobbying in China*, Cambridge: Harvard University Press.

Kettl F. (1993). *Sharing Power: Public Governance and Private Markets*, Washington: Brookings Institution Press.

Korsnes M. (2014). “Fragmentation, centralisation and policy learning: An example from China's wind industry,” *Journal of Current Chinese Affairs*, 43:175—205.

Lema A. and Ruby K. (2007). “Between fragmented authoritarianism and policy coordination: Creating a Chinese market for wind energy,” *Energy Policy*, 35:3879—3890.

Li H. and Zhang Y. (2007). “The role of managers' political networking and functional experience in new venture performance: Evidence from China's transition economy,” *Strategic Management Journal*, 28:791—804.

Li H., Meng L. and Zhang J. (2006). “Why do entrepreneurs enter politics?” Evidence from China. *Economic Inquiry*, 44:559—578.

Lieberthal K. and Lampton D. (1992). *Bureaucracy, Politics, and Deci-*

sion Making in Post-Mao China (eds), Berkeley: University of California Press.

Lieberthal K. and Oksenberg M. (1988). *Policy Making in China: Leaders, Structures, and Processes*, Princeton: Princeton University Press.

Lux S., Crook R. and Woehr J. (2011). "Mixing business with politics: A meta-analysis of the antecedents and outcomes of corporate political activity," *Journal of Management*, 37:223—247.

Manion M. (2008). "When communist party candidates can lose, who wins? Assessing the role of local people's congresses in the selection of leaders in China," *The China Quarterly*, 195:607—630.

Marks G. (1992). "Structural policy in the European community," In: Sbragia B (ed.) *Europolitics: Institutions and Policymaking in the "New" European Community*, Washington: Brookings Institution, 191—224.

Marks G. (1993). "Structural policy and multilevel governance in the EC," In Cafruny W. and Rosenthal G. (eds) *The State of the European Community: The Maastricht Debates and Beyond*, Boulder: Lynne Rienner, 391—410.

Mckinsey Global Institute (2014). *China's Digital Transformation: The Internet's Impact on Productivity and Growth*, San Francisco: Mckinsey Global Institute.

Mertha A. (2009). "Fragmented authoritarianism 2.0: Political pluralization in the Chinese policy process," *The China Quarterly*, 200:995—1012.

Montinola G., Qian Y. and Weingast B. (1995). "Federalism, Chinese style: The political basis for economic success in China," *World Politics*, 48: 50—81.

Oliver C. and Holzinger I. (2008). "The effectiveness of strategic political management: A dynamic capabilities framework," *Academy of Management Review*, 33:496—520.

Ongaro E. (2015). *Multi-level Governance: The Missing Linkages* (ed.), Bingley: Emerald Group Publishing Limited.

Ongaro E., Massey A., Holzer M. and Wayenberg E. (2010). *Governance and Intergovernmental Relations in the European Union and the United States: Theoretical Perspectives*(eds), Cheltenham: Edward Elgar.

Ongaro E., Massey A., Holzer M and Wayenberg E. (2011). *Policy, Performance and Management in Governance and Intergovernmental Relations: Transatlantic Perspectives*(eds), Cheltenham: Edward Elgar.

Piattoni S. (2010). *The Theory of Multilevel Governance*, Oxford: Oxford University Press.

Pierre J. and Peters G. (2000). *Governance, Politics and the State*, London: Macmillan.

Savas S. (2000). *Privatization and Public-Private Partnerships*, New York: Chatham House.

Sawant J. (2012). "Asset specificity and corporate political activity in regulated industries," *Academy of Management Review*, 37:194—210.

Schout A. and Mijs A. (2015). "The independent EU commissioner: An administrative analysis," In: Ongaro E. (ed.) *Multi-Level Governance: The Missing Linkages*, Bingley: Emerald Group Publishing Limited, pp.63—86.

Schuler A. and Rehbein K. (1997). "The filtering role of the firm in corporate political involvement," *Business and Society*, 36:116—139.

Van Aken T. and Lewis O. (2015). "The political economy of noncompliance in China: The case of industrial energy policy," *Journal of Contemporary China*, 24:798—822.

Van Zimmeren E., Mathieu E. and Verhoest K. (2015). "The interaction between agencies, networks, and the European commission in emerging regulatory constellations: A comparative analysis of the European Telecom Sector and the European Patent System," In: *Multi-Level Governance: The Missing Linkages*. Bingley: Emerald Group Publishing Limited, 125—162.

Wang S. (1997). "China's 1994 Fiscal Reform: An Initial Assessment," *Asian Survey*, 37:801—817.

Wedeman A. (2001). "Incompetence, noise, and fear in central-local relations in China," *Studies in Comparative International Development*, 35: 59—83.

Weidenbaum L. (1980). "Public policy: No longer a spectator sport for business," *Journal of Business Strategy*, 1:46—53.

Zeng Q. (2016). "Democratic procedures in the CCP's cadre selection process: Implementation and consequences," *The China Quarterly*, 225: 73—99.

Zito R. (2015). "Multi-level governance, EU public policy and the evasive dependent variable," In Ongaro E. (ed.) *Multi-Level Governance: The Missing Linkages*, Bingley: Emerald Group Publishing Limited, 15—40.

中国省级政府 PPP 政策文本差异比较研究*

王欢明　陈佳璐**

[内容提要]　自 2014 年以来，政府提倡采用公私合作伙伴关系(PPP)来提供基础设施和公共服务。在收集中国 31 个省级政府(除台湾、香港、澳门)2014 年至 2017 年的 PPP 相关政策文本基础上，运用扎根理论方法，得到融资、效率、绿色发展三个树节点，并根据 PPP 融资导向 1.0 版本、PPP 效率导向 2.0 版本和 PPP 可持续发展导向 3.0 版本理论框架，判断各省级政府 PPP 所处发展阶段并进行差异比较分析。该结果对各省级政府发展 PPP 以及相关学者研究 PPP 具有一定的借鉴意义。

[关键词]　PPP 政策；融资；效率；可持续发展

[**Abstract**] Since 2014, the government has promoted Public-Private Partnerships(PPP) to provide infrastructure and public services. Based on the PPP policy of 31 provincial governments(except Taiwan, Hong Kong and Macao) from 2014 to 2017, this paper uses the method of grounded theory, gets three tree nodes of financing, efficiency and green development. And according to the theoretical framework of PPP financing-oriented version 1.0, PPP efficiency-oriented version 2.0, PPP sustainable development-oriented version 3.0, we determine the PPP development stage of provincial government and make a simple comparative analysis of differences. This result has great significance for the provincial governments to develop PPP and for the related scholars to study PPP.

[**Key Words**] PPP policy; Financing; Efficiency; Sustainable Development

* 本文系国家自然科学基金青年项目、面上项目、重点项目(项目编号：71303028；71774023；71734001)阶段性成果。

** 王欢明，大连理工大学人文与社会科学学部副教授、公共管理系副主任，博士；陈佳璐，大连理工大学人文与社会科学学部硕士研究生。

一 研究背景

近些年来中国经济不断发展，城市化进程不断加深，伴随而来的是逐渐增大的基础设施和公共服务需求。城市设施建设不完备，大大减缓了城市化的步伐，降低了中国 GDP 增速。然而依靠政府财政资金对其进行投资、建设、运营，能力还是有限的，提供的产品无论是在数量上还是质量上都不能满足社会需求，同时还会持续加大政府财政赤字和债务危机。基础设施建设涉及多个领域，诸如交通、教育、通讯、能源、医疗、水利等方面，这些项目大多需要大量资金投入，专业性强，建设工期长，风险较大，且收益不高，传统模式无法解决问题，而国外有很多相关成功的 PPP（Public-Private Partnership）项目案例。PPP，即公私合作伙伴关系或政府与社会资本合作，指政府与社会资本签订合约，共同合作，共担风险，完成基础设施建设和公共服务提供（Grimsey and Lewis, 2004）。社会资本主要通过使用者付费或政府付费获取合理投资报酬，政府得到高效优质的基础设施和公共服务，实现社会公共利益最大化（周正祥等，2015）。在各种因素影响背景下，中国政府重视 PPP 的运用，为社会资本进入公共领域市场提供机会和挑战，促进公共部门和私营部门实现双赢。

从 2013 年起，中国全面推广运用 PPP 进行基础设施建设和公共服务提供。2014 年 9 月，财政部发布《关于推广运用政府和社会资本合作模式有关问题的通知》，宣布在全国范围开展政府和社会资本合作模式项目示范，由此在全社会掀起一股 PPP 热潮。迄今为止，各省级政府颁布了相关 PPP 政策文件和愿意与社会资本合作的项目清单。但由于各地情况不同，对待 PPP 的态度也不同，有些省级政府较为重视，出台较多 PPP 相关政策文件，积极推动 PPP 的应用，而有些省级政府对 PPP 的认识停留在表层，没有给予较多关注。并且各省级政府的 PPP 政策侧重点也不尽相同，使得发展进程多样，非常值得对其进行深入探讨。因此,本文的研究问题是:各省级政府在推广PPP时,其关注的焦点有何差异,这些差异如何通过政策文本反映出来?

二 文献综述

目前,对于PPP政策研究的相关文献并不多,有的专注于研究某一领域,例如环保(贾蕾、刘文佳,2016)、税收(马蔡琛、袁娇,2016)等。从国内文献来看,赵福军(2016)总结了国家层面和地方层面为推进PPP所出台的相关政策措施,运用阶段目标实现程度、资金使用效率和公众满意度三个关键绩效指标,对首批30个PPP示范项目进行绩效评价,认为已实现阶段性目标但可再完善。黄祖梅(2016)以北京、浙江、江苏等14个省市的PPP政策为研究对象,分析各地的共性和异性,如对河南省PPP发展提出加大税收优惠政策、明确PPP开发性基金的风险分担机制、建立人才激励机制、尽快启动立法调研的建议。李晓芬(2016)的研究整理了2014年至2016年中央各部委出台的PPP政策,并从PPP使用范围、操作过程、操作模式选择、投融资方式、利益分配和风险分担机制对其进行分析,得出中国PPP政策法规仍处于规范和推广阶段。陈琤、李丹(2017)对1980年至2015年间中国中央层面发布的PPP政策文本进行研究分析,认为中国PPP政策经历了政策间断松散期(1980—1996)、政策低密集期(1999—2005)和政策高密集期(2009年至今),体现了被动反应—积极推动—全面主导的政策变迁过程,政策学习模式基本为吸取教训型,且由于以PPP作为融资政策工具的实用性而非其所推动的治理结构转型为学习目标,使得中国PPP出现"政策热、实践冷"现象。

从国际研究来看,Reeves(2010)阐述了爱尔兰PPP的起源与发展,认为该国有关PPP的政策文件的制定都以PPP模式下的资本投资不在关键财政总量计算内为前提,之后对教育、道路、国际体育园区和水上运动中心三个PPP案例进行分析,认为爱尔兰政府在出台PPP政策及项目上继续坚持财政优先，将无法实现 PPP 目标。Verhoest 等人(2015)在回顾相关文献的基础上，定义了 PPP 政府支持指数(GSI)的三大要素即政策和政治承诺、法律和监管框架、PPP 机构，制定了相应的指标体系及评价标准，用其得出 20 个欧洲国家的 PPP 的 GSI，比较其相似与不同之处，认为欧洲各国在政策和 PPP 机构设定方面存在显著差异，但由于欧盟采购监管的强制性协调影响，其立法和监管框架的变化较少，之后也阐述如何运用 GSI 来加强未来对运输及其他行业 PPP 的比较研究。Willems 等人(2016)对英国和佛兰德的 PPP 政策进行比较分析，从中吸取经验教训，认为 PPP 需要在更广泛的社会和讨论层面政治化，要承认其公共性质。

综上而言，现有相关文献多从 PPP 政策的某些特定领域着手进行研究，如财政类政策和相关法律法规尤其吸引学者的注意。但目前缺乏从整体层面对中国各地 PPP 政策进行分析横向梳理比较，对各省级政府推广 PPP 发展的近况不甚了解，这不利于中国 PPP 的进一步实施。本文通过对省级政府 PPP 政策文本进行差异比较分析，找出其共性与差异，为地方政府 PPP 的政策制定和发展提供建议。

三　PPP 模式发展的分析框架

PPP 模式的发展，需要从宏观视角来把握整体方向。诸大建率先提出 PPP 发展的三个版本，即 PPP 以融资为导向的 1.0 版，以效率为导向的 2.0 版，和以可持续发展为导向的 3.0 版。在此基础上，熊伟、诸大建(2017)对其进行了深化，阐明 PPP 模式 2.0 版本是基于 PPP 模式 1.0 版本之上的演化，而 PPP 模式 3.0 版本是综合考虑 PPP 模式 1.0 版本的融资需求和 PPP 模式 2.0 版本的效率，再引入社会与环境维度，促进政府、企业、公众形成三方制衡机制，从而努力实现代际公平目标，它是一个双向演化的过程。本文以此框架为基准，通过对各省级政府 PPP 政策文本的分析，用以透视各省级政府发展 PPP 的理念和目标。

(一)以融资为导向的 PPP 模式 1.0

以融资为导向的 PPP 模式 1.0 版本主要重视发挥 PPP 拓宽投融资渠道,缓解财政压力的作用。根据目前国际上 PPP 的运用情况,大部分发展中国家和地区处于以融资为导向的 PPP 模式 1.0 阶段。在此阶段,政府部门、私营部门及学术界研究如何设计合理的 PPP 运作机制,降低风险,更好地吸引社会资本参与到基础设施建设和公共服务提供中来,减少政府财政赤字和债务危机。

PPP 的融资价值通常是在财政和预算方面得到的(Hurk et al., 2017)。PPP 模式与传统模式相比,更重视市场机制的作用,双方风险分担,大大鼓励社会资本同政府合作,参与项目"全生命周期",减少了政府对基础设施建设和公共服务提供上的初期投入资金,提高了财政预算的可控性,降低了政府债务危机和财政赤字,政府可用财政资金增加从而促进政府扩大基础设施建设和公共服务提供,形成良好循环。为此,国家财政部、发改委等部门大力推广 PPP,出台大量 PPP 相关政策文件。各级地方政府也迅速响应中央号召,纷纷推出 PPP 项目(温来成等,2015)。但是,因为中国对 PPP 研究起步较晚,部分地方政府对其认识浮于表面,也缺乏相关经验,PPP 不仅仅是一种融资手段,而应被视为一种管理模式,如果地方政府重视融资而轻于管理,会增加 PPP 项目建设、运营和管理失败的风险。

(二)以效率为导向的 PPP 模式 2.0

以效率为导向的 PPP 模式 2.0 是以融资为导向的 PPP 模式 1.0 的升级版,并不只局限于利用 PPP 引入大量社会资本的作用,更注重研究如何充分运用社会资本的管理与技术来提高基础设施建设和公共服务提供的效率。目前,发达国家例如英国、丹麦、荷兰对 PPP 的运用正处于该阶段(熊伟、诸大建,2017)。

私营部门参与项目的建设与运营,可以充分发挥其专业知识、技术和管理能力上的优势,激发主动性和创造性,降低项目成本,提升公共产品质量水平,从而提高公共产品的供给效率。PPP 结合公共部门和私营部门的优势,合理运用市场和竞争机制,加以激励,提高了经济效率的同时也提高了时间效率，项目更快更好地落实，加快城市化的步伐，满足公众需求。但在实际项目运作中，有些地方政府注重政绩，盲目成立 PPP 项目，加快其进程，过分补贴或是让自身的融资平台提供担保，接受各类金融机构或个人资本的高息资金，这样反而增加了项目成本，降低了效率（吉富星，2016）。又或者只是披了 PPP 的外衣，内在实际操作工程还是以往的传统模式。许多国内外学者采用委托代理理论、不完全契约理论等经济学理论角度研究如何制定合同、监管机制、控制权配置、激励机制等来提高 PPP 效率，实现效益最大化。政府部门必须通过物有所值的标准来判断是采用传统采购方式还是 PPP 来供给公共服务，但物有所值标准关注的仅是项目的成本效率（Opara and Elloumi, 2017），没有关注该项目带来的环境问题和社会利益，忽视这些标准，可能引发社会冲突，如由于缺乏公众参与导致的环境类 PPP 项目的建设和管理遭遇“邻避运动”频发的现象，给地方政府、社会资本方和公众带来无法弥补的损失。

（三）以可持续发展导向的 PPP 模式 3.0

以可持续发展导向的 PPP 模式 3.0 是基于 1.0 版本和 2.0 版本上演化而来的，主要注重运用 PPP 实现可持续发展，实现“代际公平”（熊伟、诸大建，2017）。该阶段 PPP 发展以可持续发展理论为导向，可持续发展理论是当前世界发展主要观念，注重经济、社会、环境三者协调发展，PPP 已被世界各国公认为实现可持续发展目标的重要手段（Hueskes et al., 2017）。可持续性相关文献中有一个被广泛接受的观点，认为治理方法能够促进可持续发展和变革（Grin et al., 2010），或者认为“更好的治理是……走向可持续发展的先决条件”（Kemp, 2005）。而政府与私营部门合作的相关问题可作为治理工具来引导可持续性，PPP 项目可能发挥刺激可持续发展的作用（Hueskes et al., 2017）。

根据 Pinz 等人的研究结果显示，很少有研究关注 PPP 是否是实现可持续发展目标，但从理论上讲，如果管理得当，PPP 具有较大潜力能为可持续发展做出贡献（Pinz et al., 2018），如从交通领域的 PPP 运用来看，其相比于传统的政府投资，采用 PPP 的交通投资和管理可以产生更加积极的经济增长和社会福利（Chen et al., 2017）。因而，PPP 关于非经济利益的成就的潜力已经得到了相关专家和机构的认可（Kemp, 2005）。PPP 所涉及的领域大多是为公众服务的，旨在提高人们生活质量和福利水平，这与可持续发展目标相一致。中国仍处于社会主义初级阶段，大力发展经济的过程中难免存在片面追求经济快速增长的情况，这也使得人口剧增、资源匮乏、生态退化、东西部发展不平衡等弊端愈发严重，急需转换经济增长方式，走高技术的发展道路。在新形势下，运用 PPP 不能只将它视为一个融资方式，或是提高公共产品与公共服务供给效率的工具，它应该成为中国面对新时代机遇与挑战的促进经济、社会、环境全方位改革的一种创新手段（Caloffi et al., 2017）。

四　数据与方法

（一）数据来源

本文以各省级政府（除台湾、香港、澳门）PPP 政策文本为研究对象，对其 PPP 发展阶段进行差异比较研究。2014 年以来，全国各地在中央的倡导下开始盛行 PPP。最初，由于对 PPP 的认知还较少，且 PPP 涉及众多部门，如发改委、财政部、住建部、银监会等，但是究竟哪一个部门是 PPP 的第一主管机构，中央一直没有明确规定。部门间权责重叠较多，在推广 PPP 的过程中的侧重点也不同，比如说财政部较为保守，追求稳健发展，而发改委态度积极，大力推广。这些使得 PPP 进展缓慢，项目难以落实。直至 2016 年 7 月 7 日，中央召开的国务院常务会议对政府和社会资本合作部门职责进行明确分工，随后国家发改委和财政部相继发布相关政策，表明前者负责传统基础设施领域 PPP 项目，后者负责公共服务领域 PPP 项目，正式落实 PPP 职责分工。纵观 2014 年至 2017 年的中央 PPP 政策文件，基本由国家财政部、发改委和国务院或者是由其联合其他部门共同发文。而省级政府都是依照中央行事，因此，本文主要以各省级政府财政厅、人民政府以及国家发改委官网为数据来源，以“PPP”和“政府和社会资本合作”为关键词搜索 2014 年至 2017 年的相关政策，共收集 462 份政策文本，涉及 31 个省级行政区划单位，包括 22 个省，5 个自治区和 4 个直辖市。（见表 1）

表 1 各省级政府政策文本收集数量

序号	省级政府	政策数量	序号	省级政府	政策数量
1	河北省	24	17	四川省	22
2	山西省	14	18	贵州省	21
3	辽宁省	26	19	云南省	26
4	吉林省	12	20	陕西省	14
5	黑龙江省	17	21	甘肃省	3
6	江苏省	26	22	青海省	15
7	浙江省	20	23	内蒙古自治区	15
8	安徽省	9	24	西藏自治区	0
9	福建省	15	25	新疆维吾尔自治区	8
10	江西省	24	26	宁夏回族自治区	17
11	山东省	37	27	广西壮族自治区	5
12	河南省	9	28	北京市	14
13	湖北省	8	29	天津市	6
14	湖南省	11	30	上海市	3
15	广东省	10	31	重庆市	19
16	海南省	12			

（二）数据处理

本文采取扎根理论对各省级政府 PPP 政策文本进行分析研究。扎根理论是质性研究方法之一，通过收集数据，从中获取信息并进行归纳分析，促成概念框架或理论的形成（凯西·卡麦兹，2009）。它是一种理论与数据系统性结合的混合研究策略(Dubois & Gadde，2002)，在反复过程中，同时考虑新兴的理论主题与现有研究(Reichertz，2007)。扎根理论注重数据的整理与分析，可借鉴多种研究思路，运用扎根理论对跟省级政府 PPP 政策文本进行分析研究，能更深入地梳理材料，提炼重要信息，增强理论建构有效性。该分析运用了 NVivo11.0 软件，主要有三个阶段。

阶段一：将收集到的 462 份省级政府 PPP 政策文本导入 Nvivo11.0 中，形成原始材料。阅读材料，对重要信息进行开放式编码，设置如“风险分担”、“债务”、“市场竞争”、“社会福利”等 22 个自由节点。(见表 2)

表 2　自由节点示例

自由节点	代表性语句
融资渠道	拓展社会资本尤其是民间资本投资的渠道和领域
风险分担	按照“风险由最适宜的一方来承担”的原则，合理分配项目风险
风险评估	实施方案应包括风险分析
风险应对	健全完善正常、规范的风险管控和退出机制
债　务	利用 PPP 模式化解地方政府存量债务
财政管理	纳入地方财政预算管理
财务可行性	促进中长期财政可持续发展
质　量	提高基础设施服务质量
成　本	采用 PPP 模式后能够提高服务质量和运营效率，或者降低项目成本
专业优势	发挥投资人在整合设计、建设、运营、管理等方面的综合优势，让“专业人做专业事”
物有所值绩效评估	进行财政承受能力论证和物有所值评估
市场竞争	政府通过竞争机制择优选择合作伙伴
合同优化	政府部门和社会资本均可发起 PPP 项目建议
政府监管	在开发过程中，政府及相关部门对项目开发的过程进行监督

（续表）

自由节点	代表性语句
企业监管	政府、贷款人、投资者和社会居民都拥有对项目进行监督的权利
公众监管	切实保障公众知情权，接受社会监督
良性合作	建立长期的政府与企业合作机制
产业集聚效应	培育具有开拓国内外市场能力的大型市政公用服务企业，提高产业集中度
社会福利	腾出资金用于重点民生项目建设
社会公平	营造公平透明的政策环境，公平择优开展招商工作并协调组织项目实施
生态保护	同步推进基础设施建设、生态环境提升和绿色产业培育
创　新	改革创新公共服务供给机制和投入方式

阶段二：对开放式编码内容建立范畴关联关系，梳理分清其内在的逻辑关系，进行主轴编码。例如风险分担、风险评估、风险应对都是风险管理的一部分，可将其归为同个节点；市场竞争、合同优化都是激励社会资本提高 PPP 项目效率的手段；注重保障社会福利、社会公平，是提高社会效益的重要措施等，经过整理，得到如"财政"、"激励"、"合作可持续"等 11 个子节点。（见表 3）

阶段三：展开选择性编码，统筹全局，将主轴编码内容进行分类，得到"融资"、"效率"、"绿色发展"3 个树节点，具体编码情况如表 3 所示。PPP 政策中的加强风险管理和相关财政措施是为了更好地吸引社会资本参与 PPP 融资中来，并且缓解政府压力，同时鼓励拓宽融资渠道，从而更好地发挥 PPP 融资作用；主轴编码中的激励与监管都是促进提高 PPP 项目效率的措施，和供给效率一同属于效率节点；合作可持续、社会效益、生态保护和创新都有利于长远发展，有别于融资、效率节点，归纳为绿色发展。

表 3　编码统计

开放式编码	主轴编码	选择性编码
融资渠道	融资渠道	融　资
风险分担、风险评估、风险应对	风险管理	
债务、财政管理、财务可行性	财　政	
质量、成本、专业优势、物有所值绩效评估	供给效率	效　率
市场竞争、合同优化	激　励	
政府监管、企业监管、公众监管	监　管	
良性合作、产业集聚效应	合作可持续	绿色发展
社会福利、社会公平	社会效益	
生态保护	生态保护	
创　新	创　新	

五　省级政府 PPP 政策文本分析结果

（一）省级政府 PPP 政策分类

1. PPP 融资导向 1.0 版本的省级政府

经过 NVivo 软件分析得出 31 个省级政府 PPP 政策文本主要有三个树节点，即“融资”、“效率”、“绿色发展”。整合节点，得到各省级政府 PPP 政策文本在这三方面的参考点个数，判断出该省级政府在推广 PPP 时处于哪一个 PPP 模式发展阶段。由于西藏自治区并没有发布有关 PPP 的政策文本，所以无法对其 PPP 发展阶段作出判断。根据分析结果，认为有六个省级政府注重 PPP 融资方面，可以说是处于 PPP 融资导向 1.0 版本，分别是四川省、陕西省、内蒙古自治区、河南省、广东省和甘肃省。（见图 1）从中可看出省级政府 PPP 政策更关注于融资方面，有关其的参考点明显多于另两个方面。

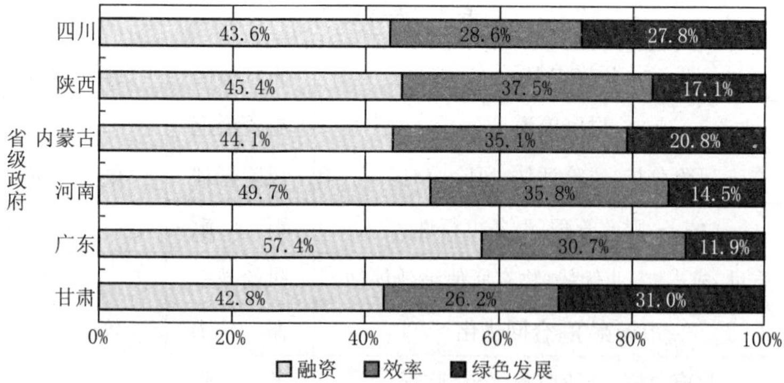

图 1　PPP 融资导向 1.0 版本的省级政府参考点分布

从 PPP 政策内容来看，四川省出台的有关 PPP 的政策数量较多，其余几省尤其是甘肃省和河南省出台的有关 PPP 的政策数量都较少，低于全国平均水平。这些省级政府的 PPP 政策内容大多响应中央 PPP 政策意见，进行政策解读，制定本省意见下发下级机关，主要是推广运用 PPP 的指导意见和创新投融资机制方面的指导意见。四川省积极响应中央 PPP 政策，结合本省发布的 PPP 相关政策，其中很大一部分是解决融资问题，创新投融资机制，管理 PPP 资金补助，成立和发展 PPP 投资引导基金，预算管理等融资相关内容。例如四川省人民政府《关于创新重点领域投融资机制鼓励社会投资的实施意见》(川府发〔2015〕41 号)，其目的是完善重点领域融资机制，尤其是公共服务领域政府与社会资本合作机制，从而更好地鼓励社会资本参与农业、水利、市政、交通、能源、信息、民用空间基础设施和社会事业建设，拓宽融资渠道，并且通过 PPP 盘活存量资源，将变现资金用于重点领域建设和化解政府存量债务。这使得这些省级政府在融资节点的参考点较多。

2. 兼顾 PPP 融资和效率导向的省级政府

根据分析结果，有七个省级政府 PPP 政策中融资和效率所占百分比较大，且相差不超过 8%，这七个省级政府处于兼顾 PPP 融资和效率导向阶段，也可以说正处于 PPP 融资导向 1.0 版本和 PPP 效率导向 2.0

版本的过渡期，分别是北京市、海南省、河北省、山东省、湖南省、江苏省和浙江省。（见图 2）

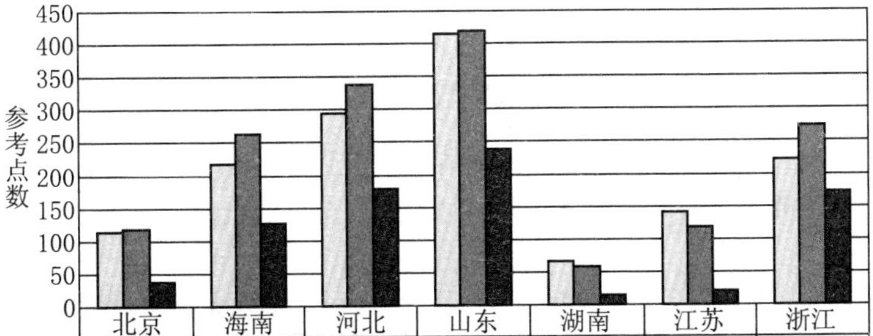

	北京	海南	河北	山东	湖南	江苏	浙江
□融资	114	217	295	415	67	140	222
■效率	118	264	339	419	59	118	273
■绿色发展	37	126	178	238	15	21	172

省级政府

图 2　兼顾 PPP 融资和效率导向的省级政府参考点分布

从 PPP 政策内容来看，大部分处于兼顾 PPP 融资和效率导向的省级政府在传达中央 PPP 政策意见，推动投融资机制改革创新，加强财政预算管理的同时，也出台相关政策鼓励社会资本通过 PPP 参与该省基础设施建设和公共服务领域，例如医疗机构、收费公路、体育产业、城市地下综合管廊等项目建设。与处于 PPP 融资导向 1.0 版本的省级政府 PPP 政策相比，注重发挥专家咨询作用，加强项目绩效和监管机制，激励私营部门提高技术能力，提升 PPP 项目效率。例如山东省财政厅《关于印发〈山东省“政府和社会资本合作”项目奖补资金管理办法〉的通知》（鲁财金〔2016〕4 号），该奖补资金是由省财政预算安排，专用于 PPP 项目规划设计、可行性研究、物有所值评价和财政承受能力论证等前期费用，请专家来审核奖补资金的申报，加强监管确保专款专用，通过奖补资金来进一步促进政府推广 PPP 的积极性，并且注重提高效率，选择可行的 PPP 项目，而不是盲目采用“伪 PPP”。这些省级政府 PPP 政策都重视发挥 PPP 拓宽融资渠道，缓解政府财政压力和债务危机，提高公共产品质量和效率的作用，在融资和效率两方面着墨相差不多。

3. PPP 效率导向 2.0 版本的省级政府

根据所得数据，分析得出有 13 个省级政府注重 PPP 效率方面，也可以说这些省级政府处于 PPP 效率导向 2.0 版本，分别是重庆市、云南省、新疆维吾尔自治区、天津市、上海市、山西省、青海省、江西省、湖北省、黑龙江省、广西壮族自治区、福建省和安徽省。（见图 3）从图 3 中可较为清晰地认识到这些省级政府 PPP 政策文本中，涉及较多效率问题，注重如何运用 PPP 提高项目效率，创造更高价值。

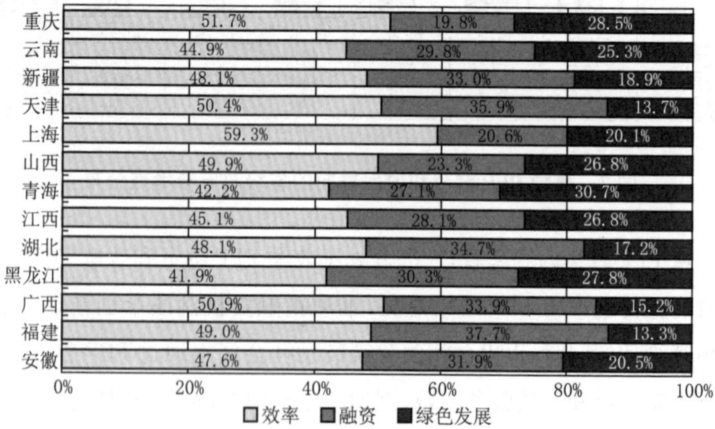

图 3　PPP 效率导向 2.0 版本的省级政府参考点分布

从 PPP 政策内容来看，这些省级政府大部分同样也出台相应 PPP 政策，按中央的指示推广 PPP 在基础设施建设和公共服务领域的运用，有指导性政策，也有实施性政策。与处于其他阶段的省级政府不同，更多的 PPP 政策注重效率问题，对 PPP 项目表述得更为详细全面，在 PPP 项目储备、评估、选择上更为科学规范，积极培育专家库和咨询机构，积极完善监督管理和绩效机制，实时了解成本动态，并及时作出调整，提高财政资金使用效率，优化合同，建立信息平台，营造公平竞争的市场环境，致力于为公众提供高效且优质的公共产品和公共服务。例如江西省财政厅《关于征集政府和社会资本合作（PPP）咨询服务机构的通知》（赣财办〔2016〕52 号），详细阐明了应征咨询机构应具备的条件，政府主要征集综合类咨询服务机构（在基础设施和公共服务领域能进行方案设计、财务咨询、管理咨询等综合服务）和专业类咨询服务机构（专业从事法律、会计等咨询服务），目的是提高 PPP 项目开发、实施的质量和效率。

4. 兼顾 PPP 融资和效率导向的省级政府

可持续发展，即实现经济、社会、环境协调可持续发展。根据数据分析，得出有四个省级政府在融资、效率和绿色发展方面关注度较为均衡，占比方差小于等于 0.06，比较符合可持续发展的要求，故认为这四个省级政府即宁夏回族自治区、辽宁省、吉林省和贵州省，目前处于 PPP 可持续发展导向 3.0 版本阶段。（见图 4）

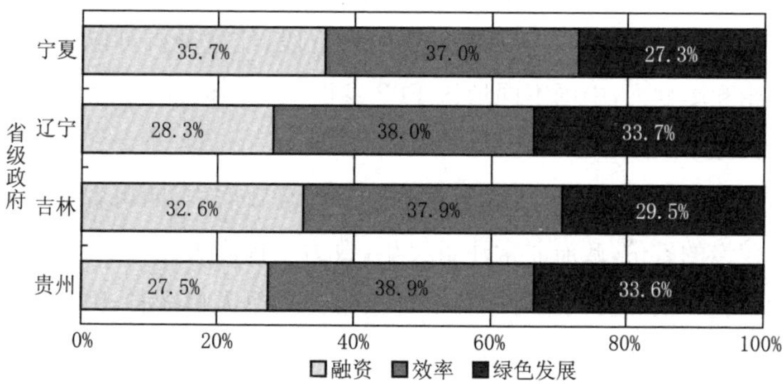

图 4　PPP 可持续发展导向 3.0 版本的省级政府参考点分布

从 PPP 政策内容来看，这些省级政府的 PPP 政策中，鼓励社会资本参与生态文明建设，积极宣传生态文明理念，在城市规划中注重生态保护，提高城镇生态环境质量。此外，还推动形成产业集聚，制定合理的定价调价机制，给予社会资本合理的报酬。推进 PPP 项目公开透明化，保障公民知情权，鼓励公共部门和私营部门发扬创新精神，提高 PPP 项目质量和效率，努力实现社会效益最大化。也有促进多元化投融资，改革政府债务管理，加强 PPP 项目全生命周期监管，完善激励机制，提高效率。例如贵州省人民政府《关于进一步推进贵州省城镇市政公用领域政府和社会资本合作的指导意见》（黔府发〔2017〕30 号），提出要以创新、协调、绿色、开放、共享的新发展理念为指导思想，规范了 PPP 适用条件和项目实施程序，并且鼓励改革创新，鼓励企业通过资产兼并、企业重组，形成专业化、规模化的企业集团，发挥集聚效应，创新 PPP 项目建设和运营方式，向可持续发展方式靠近，完善配套政策设施和组织保障，鼓励公众监督 PPP 项目实施情况，完善 PPP 信息平台，引导社会资本公平竞争，运用 PPP 来促进实现脱贫攻坚、同步全面小康、开创多彩贵州新未来的目标。可见该阶段的省级政府 PPP 政策兼顾了融资、效率和绿色发展，对这三方面给予的关注较为均衡，考虑到了可持续性，有利于实现经济、社会、环境可持续发展。

（二）省级政府 PPP 差异讨论

运用 NVivo 11.0 软件对 31 个省级政府 PPP 政策文本进行质性研究分析，得到各省级政府 PPP 发展所处阶段，经过分析可以看出多种因素相互影响下，中国不同地区 PPP 发展情况不同，同一地区 PPP 发展步调也不一致。

处于 PPP 融资导向 1.0 版本阶段的省级政府中，四川省是个节奏相对较慢的省份，政府非常注重民生，致力于提高人民生活水平，重视基础设施建设和公共服务提供。河南省是一个人口大省，因此对基础设施的需求也较为庞大。虽然近几年经济发展加快，但其工业化、城镇化进程仍较缓慢，对河南省而言，基础设施建设迫在眉睫，政府非常希望能通过和社会资本合作，缓解财政赤字压力，进一步推动城镇化进程。而内蒙古自治区、甘肃省和陕西省基础设施较为落后，亟待增加和更新。该阶段的省级政府在基础设施建设和公共服务领域上有着较大的需求，并且单靠政府财政投资无法满足其需求。因而这些省级政府出台相应 PPP 政策时，更侧重为社会资本参与 PPP 项目提供更多融资便利。

兼顾 PPP 融资和效率的省级政府大部分经济发展水平较高，主要分布在中国东部地区。这些省级政府为加快推进新型城镇化建设，相应地加大基础设施建设和公共服务提供力度，为社会资本通过 PPP 参与项目提供较大市场。他们推广 PPP 的过程中，注重融资问题的同时也已关注到效率的问题。出台的政策不仅包含加强政府财政预算管理,鼓励支持社会资本通过多种渠道参与 PPP 项目的内容,也同样包含加强 PPP 项目全过程管理,建立健全 PPP 项目风险防控、激励约束、绩效监督机制等内容,来保证和提高 PPP 项目质量和效率。

PPP 效率导向 2.0 版本的省级政府分布较为分散。其中,山西省和黑龙江省政府并不重视 PPP,推动的 PPP 入库量少。天津市、上海市、福建省等基础设施建设较为完备,公共服务提供已有一定规模,因而对 PPP 项目需求量并不大。需求少使得政府出台政策时更注重提高 PPP 项目的效率和质量,保障社会效益。新疆维吾尔自治区、青海省、云南省、重庆市和广西壮族自治区由于地处内陆,地形复杂,交通设施等公共基础设施建设极为缺乏。中国大力推进西部大开发和一带一路 PPP 建设,使其有巨大的市场和发展潜力,政府和国内外社会资本对其关注度较高,在 PPP 项目资金方面较为充足。这让这些省级政府在发展 PPP 时更为注重提高质量和效率,充分发挥市场优化配置资源作用,也严格 PPP 项目合作对象的选择过程,实现社会效益最大化。

在 PPP 可持续发展导向 3.0 版本的省级政府中,贵州省和宁夏回族自治区大部分以高原地形为主,植被覆盖率较低,在这些省份实施工程,必定会对其生态环境产生较大的影响,降低居民生活环境质量。目前,中国注重东北振兴战略,对基础设施建设和公共服务提供需求更大。而辽宁省和吉林省作为曾经的重工业基地,环境污染持续已久,生态较薄弱。因此,在推进运用 PPP 参与基础设施建设和公共服务提供时,政府注重绿色发展,合理规划产业布局,利用当地特色运用 PPP 开展生态产业,例如生态旅游,将环境保护与经济发展、社会效益相结合,促进实现可持续发展。

西藏自治区截至 2017 年底还没有发布 PPP 相关政策文件,入库的 PPP 项目只有两个,该省情况较为复杂。西藏深处中国西南部,地形以高原为主,交通不便,各种基础设施建设难以施展。西藏地广人稀,对基础设施建设和公共服务领域的需求并不强烈。且由于西部发开发,西藏在城市建设上并不缺少资金支持。综合多种因素,西藏 PPP 发展十分缓慢。

对中国而言,PPP 政策属于一种较为新颖的政策创新,各省级政府对 PPP 的认知还在表层,制定相关政策仍处于初期尝试阶段,各种因素使得政策扩散较为缓慢,各地推动 PPP 发展进程不同。西方学界对政策创新及扩散有着多年的研究,已有一定的成果,主要从内部决定因素和外部政策扩散及影响两个方面来分析其原因及动力,也因此产生三种主要理论框架即内部决定模型、扩散模型和综合模型(朱光喜,2013)。内部决定模型注重从政府的内部方面例如当地经济、政治、社会、历史文化等来探索政策创新及扩散的影响因素;而扩散模型注重从政府外部寻找原因,关注其他政府的状况和行为带来的影响;综合模型则是结合了前两者的观点,兼顾内外部可能存在的影响因素。政策创新及扩散理论对研究中国 PPP 政策发展有着重要的借鉴意义,但值得注意的是研究这一领域的理论大多建立在美国联邦分权体制基础上,在该背景下,地方政府拥有较大的自主权、立法权。而中国各省级政府处于中央集权体制之下,其权力受限,但同样若中央政府加大力度推广相关政策创新也能更为快速地在地方中实施推广开来。王浦劬、赖先进研究了中国公共政策扩散的模式与机制,提出主要有四种模式,即自上而下层级扩散模式、自下而上政策采纳和推广模式、区域间和部门间扩散模式、政策领先地向政策跟进地扩散模式,其驱动机制分别为行政强制推动和社会建构等机制、学习机制和行政指令推动机制、学习机制和模仿机制以及竞争机制驱动实现、学习机制和模仿机制(王浦劬、赖先进,2013)。结合我国公共政策扩散实情,主要是自上而下层级扩散模式,这也与我国行政体制有关。省级政府多数根据上级中央发布的相关 PPP 政策文件制定 PPP 推广的方向。重视 PPP 的省级政府会根据中央 PPP 政策,结合本省实际情况,及时地出台解读过后的 PPP 政策。而忽视 PPP 的省级政府仅仅采取直接转发中央 PPP 政策或是推迟一年左右才出台相关 PPP 政策的方式,并没有发挥省级政府承上启下的作用,也使得 PPP 发展缓慢。但无论是哪一类省级政府,制定的 PPP 政策发展方向或早或晚是向中央看齐的。因此,要想推动各省 PPP 健康发展，中央对待 PPP 的态度至关重要。从 2017 年中央出台的 PPP 政策文件中可以分析出，国家已注意到某些地区“滥用”PPP，存在许多“伪 PPP”的现象，在推广 PPP 的过程中更加强调规范化，不再追求快而是注重稳。而自财政部印发《关于规范政府和社会资本合作（PPP）综合信息平台项目库管理的通知》（财办金〔2017〕92 号）等规范性文件，《关于规范开展政府和社会资本合作项目资产证券化有关事宜的通知》（财金〔2017〕55 号）等鼓励融资文件后，北京市、四川省等省级政府也相继出台解读后的 PPP 项目库管理办法、PPP 项目财政承受能力论证办法等文件，进一步规范和鼓励本地区 PPP 发展。此外，国家已注重 PPP 促进可持续发展的作用，鼓励社会资本进入养老、扶贫、农业人口转移、残疾保障、节能环保、创新创业等领域，促进民生事业发展，山东省等省级政府也紧跟步伐出台相应文件，由此可见，省级政府 PPP 发展趋势将是可持续发展导向的。但这个过程或许是缓慢的，会受到多方面因素的影响。各级政府政治资源、政策制定者及地方社会资本对 PPP 的认知和态度、专家学者对地方政府 PPP 发展的研究程度、当地公众及媒体的关注认可度、PPP 相关机制建设程度等因素发挥着重要作用。此外，相邻省级政府的 PPP 政策发展状况、各省级政府间沟通交流情况、中央推广 PPP 力度、省级政府间 PPP 竞争程度等外部因素对各级政府 PPP 政策创新及扩散有着重要的影响。

六　结　论

改革开放以来，中国经济迅速发展，人们的温饱问题基本得到解决后，开始注重提高生活质量，城市基础设施建设和公共服务体系亟待完善。然而政府财政资金有限，无法承担公共领域的投资建设与运营，这使得社会资本进入政府视线。PPP 于 20 世纪 80 年代发源于英国，其在理论研究和实践层面在发达国家已逐渐成熟。许多发达和发展中国家通过 PPP 提供基础设施和公共服务，填补政府财政资金缺口的同时提高产品质量和效率，公共部门和私营部门实现双赢。在 2015 年联合国可持续发展峰会会议上，PPP 被世界各国共同认可为实现可持续发展目标的重要手段，促进 PPP 发展已成为世界焦点。中国于 2014 年掀起大力推广 PPP 浪潮，各省级政府响应中央号召相应出台 PPP 政策。

参考国内外 PPP 理论研究，本文主要借鉴熊伟、诸大建学者的 PPP 模式 3.0 版本理论，构建 PPP 融资导向 1.0 版本、PPP 效率导向 2.0 版本、PPP 可持续发展导向 3.0 版本理论框架，采用质性研究分析方法，收集 31 个省级政府 PPP 政策文件，通过 NVivo 软件进行政策文本分析，通过编码最终得到融资、效率、绿色发展三个树节点，根据三方面参考点数目认为四川省、陕西省、内蒙古自治区、河南省、广东省和甘肃省处于 PPP 融资导向 1.0 版本，北京市、海南省、河北省、山东省、湖南省、江苏省和浙江省处于兼顾 PPP 融资和效率导向阶段，重庆市、云南省、新疆维吾尔自治区、天津市、上海市、山西省、青海省、江西省、湖北省、黑龙江省、广西壮族自治区、福建省和安徽省处于 PPP 效率导向 2.0 版本，宁夏回族自治区、辽宁省、吉林省和贵州省处于 PPP 可持续发展导向 3.0 版本，而西藏自治区由于没有出台 PPP 政策因此在本文研究中无法判断其 PPP 发展所处阶段。本文对不同阶段的省级政府进行差异比较分析，认为多种因素影响下使得不同地区不同省份 PPP 发展状况不同。

本文横向比较了不同省份 PPP 政策内容，识别了各地 PPP 发展阶段和着眼点，可以为地方政府的 PPP 政策制定与执行提供借鉴。此外，本文存在一些不足，如在进行政策文本分析的过程中，受主观因素影响。本文实际得出中国省级政府官员对 PPP 的认知处于哪一阶段，也在一定程度上反映了现实中省级政府推广 PPP 的进展情况，政策具有滞后性和先行性，希望省级政府根据自身 PPP 发展情况，调整 PPP 政策，继续发展完善 PPP，发挥 PPP 应有的作用，实现其意义。

参考文献

陈琤、李丹:《PPP 政策变迁与政策学习模式:1980 至 2015 年 PPP 中央政策文本分析》,《中国行政管理》2017 年第 2 期。

黄祖梅:《我国促进政府与社会资本合作地方政策比较研究》,《河南财政税务高等专科学校学报》2016 年第 1 期。

吉富星:《我国 PPP 与政府性债务问题的研究》,《财政科学》2016 年第 1 期。

贾蕾、刘文佳:《基于供给侧结构性改革的环保"公私合营机制"(PPP)政策建议》,《环境与可持续发展》2016 年第 3 期。

凯西·卡麦兹:《建构扎根理论:质性研究实践指南》,边国英译,重庆大学出版社 2009 年版。

李晓芬:《我国 PPP 政策的"冷思考"》,《国际工程与劳务》2016 年第 7 期。

马蔡琛、袁娇:《PPP 模式的税收政策与管理》,《税务研究》2016 年第 9 期。

王浦劬、赖先进:《中国公共政策扩散的模式与机制分析》,《北京大学学报》(哲学社会科学版)2013 年(第 50 卷)第 6 期。

温来成、刘洪芳、彭羽:《政府与社会资本合作(PPP)财政风险监管问题研究》,《中央财经大学学报》2015 年第 12 期。

熊伟、诸大建:《以可持续发展为导向的 PPP 模式的理论与实践》,《同济大学学报》(社会科学版)2017 年第 1 期。

赵福军:《加快完善与 PPP 模式相适应的政策环境》,《财政科学》2016 年第 1 期。

周正祥、张秀芳、张平:《新常态下 PPP 模式应用存在的问题及对策》,《中国软科学》2015 年第 9 期。

朱光喜:《"嵌入型"富裕地区政策创新:空间限制与行动策略——以神木"免费医疗"政策为例》,《公共管理学报》2013 年(第 10 卷)第 2 期。

Caloffi, A., Pryke, S., Sedita, S.R., et al. (2017). "Public—Private Partnerships and Beyond: Potential for Innovation and Sustainable Development," *Environment & Planning C: Politics and Space*, 35(5):739—745.

Chen, Z., Daito, N., & Gifford, J.L. (2017). "Socioeconomic Impacts of Transportation Public-Private Partnerships: A Dynamic CGE Assessment,"

Transport Policy, 58:80—87.

Dubois, A., & Gadde, L-E. (2002). "Systematic Combining: An Abductive Approach to Case Research," *Journal of Business Research*, 55:553—560.

Grimsey, D., & Lewis, M.K. (2004). *Public Private Partnerships: The Worldwide Revolution in Infrastructure Provision and Project Finance*, Cheltenham: Edward Elgar Publishing.

Grin, J., Rotmans, J., & Schot, J. (2010). *Transitions to Sustainable Development: New Directions in the Study of Long Term Transformative Change*, New York: Routledge.

Hueskes, M., Verhoest, K., & Block, T. (2017). "Governing Public—Private Partnerships for Sustainability: An Analysis of Procurement and Governance Practices of PPP Infrastructure Projects," *International Journal of Project Management*, 35(6):1184—1195.

Hurk, M.V.D., & Hueskes, M. (2017). "Beyond the Financial Logic: Realizing Valuable Outcomes in Public—Private Partnerships in Flanders and Ontario," *Environment & Planning C: Politics and Space*, 35(5):784—808.

Kemp, R., Parto, S., & Gibson, R.B. (2005). "Governance for Sustainable Development: Moving from Theory to Practice," *International Journal of Sustainable Development*, 8(1/2):12—30.

Opara, M., & Elloumi, F. (2017). "The Emergence of Public-Private Partnerships(P3s) in Alberta: Lessons from the Anthony Henday Highway," *Canadian Public Administration*, 60(2):268—288.

Pinz, A., Roudyani, N., & Thaler, J. (2018). "Public—Private Partnerships as Instruments to Achieve Sustainability-Related Objectives: The State of the Art and a Research Agenda," *Public Management Review*, 20, 1: 1—22.

Reeves, E. (2010). "Public—Private Partnerships in Ireland: Policy and Practice," *Public Money & Management*, 23(3):163—170.

Reichertz, J. (2007). "Abduction: The Logic of Discovery of Grounded Theory," *Forum: Qualitative Social Research*, 11(1):214—228.

Verhoest, K., Petersen, O.H., Scherrer, W., et al. (2015). "How Do Governments Support the Development of Public Private Partnerships? Measuring and Comparing PPP Governmental Support in 20 European Countries," *Transport Reviews*, 35(2):118—139.

Willems, T., & Dooren, W.V. (De)(2016). "Politicization Dynamics in Public—Private Partnerships(PPPs): Lessons from a Comparison Between UK and Flemish PPP Policy," *Public Management Review*, 18(2):199—220.

社会嵌入式廉政治理

——香港的经验与启示[*]

公 婷 肖汉宇 杨丽天晴[**]

［内容提要］ 反腐败的社会参与是一个新兴的课题。本文提出“社会嵌入式廉政治理”这一概念，并从宏观和微观两个层面考察。具体而言，我们探讨民众参与反腐败的一个重要内容，即对腐败行为的举报，试图解释哪些因素会影响民众举报腐败的意愿。本文基于2015年在香港进行的一次大规模抽样调查展开分析，此调查共回收1 025份有效问卷。我们的研究验证了两个假设：民众对腐败的容忍度越低、对政府的反腐败执法越有信心，就越有可能举报身边的腐败案件。在中国内地，如何培育社会民众的反腐“正能量”是一个崭新的课题，香港的经验是值得探究和借鉴的。

［关键词］ 腐败容忍度；廉政治理；举报腐败；廉政公署；香港

［**Abstract**］ In this study, we seek to identify and explain what factors influence citizens' propensity to confront corruption by reporting suspected corruption cases. From a macro-micro interactive perspective, which we term "socially embedded anti-corruption governance", we make two propositions focusing on intrinsic and extrinsic factors respectively. Drawing on data collected from an original survey of 1,025 local residents in Hong Kong, we test the two hypotheses. Our findings confirm that the propensity to report suspected corruption results from both a low level of tolerance towards corruption and the positive perception of the quality of anti-corruption governance. The implications of our findings for other regions, especially mainland China, are explored.

［**Key Words**］ Corruption; Anti-corruption Reform; Reporting Corruption; ICAC; Hong Kong

---

* 本文获得了香港特区政府研究资助局优配研究金（项目编号：9042104，9042596）和香港城市大学资助（课题号：6354020）。作者亦对 Ian Scott 教授在本文最初版本上给出的建议和修改意见表示感谢，也感谢廉政公署向我们提供了他们的年度问卷数据。本文是基于 Gong, T., & Xiao, H., (2017). “Socially Embedded Anti-Corruption Governance: Evidence from Hong Kong,” *Public Administration and Development*, 37(3): 176—190 一文翻译和修改而来，获得出版社授权。

** 公婷，香港城市大学公共政策学系教授、复旦大学国际关系与公共事务学院特聘讲座教授；肖汉宇，香港教育大学亚洲及政策研究学系助理教授；杨丽天晴，香港城市大学公共政策学系博士后。

一　研究背景

为什么有些人会积极参与到反腐败中，而有些人却不会？说得更具体些，为什么有些人比起其他人会更勇敢地挺身而出举报腐败？这些问题值得腐败研究学者和实务工作者的思考。举报腐败的途径似乎并不匮乏，政府廉政部门意识到民众参与反腐的重要意义为市民举报腐败提供了多种渠道。政府反腐败工作的成败很大程度上取决于民众的支持。因此，鼓励民众举报腐败已成为政府有效从事反腐的不可忽视的重要工作。反腐败过程中如果没有民众举报，至少就失去了调查线索。

由于种种原因，在有些国家和地区，号召民众参与反腐败或是赋予民众反腐败的权力的呼声似乎应者寥寥。在全球范围，民众对举报腐败的冷漠有迹可循。例如，根据南非统计（Statistics South Africa）的一份报告，尽管有三分之二南非家庭认为腐败呈上升趋势，有一半人选择不去举报，他们认为即便举报了也无法改变现状（Corruption Watch, 2014）。这种情况在另一些国家更为严重。透明国际（Transparency International）于 2011 年做的一项调查显示，在卢旺达只有 16%的受访者会投诉贿赂行为，而在乌干达和布隆迪，这个比例更低，分别为 6.9%和 3.2%。在中国内地，尽管政府鼓励民众积极举报腐败，调查表明低于 20% 的受访者愿意举报。①而在香港，根据香港廉政公署的年度调查（ICAC, 1984, 1997, 2015），过去几十年间愿意举报腐败的香港市民比例都很高，一直保持在 70%—80%之间。

传统的观点把民众反腐败意愿上的差异归因于宏观层面的制度因素，例如民主制度、法制程度、政治自由度和市民社会的兴起等。这个

① 详见《中国青年报》的报道，http://zqb.cyol.com/html/2013-12/10/nw.D110000zgqnb_20131210_1-07.htm, 2016-07-27。

论点的依据是，自由、平等和开放的政治环境为民众举报腐败创造了更好的外部条件。而有些学者持不同意见，认为是否举报腐败源于微观层面的因素，是个人理性选择的结果。例如，如果举报腐败的可预期收益（如奖金）比预期成本（如打击报复的可能）要高，人们会更倾向于举报（Gottfredson & Gottfredson，1987；Skogan，1984；Tolsma et al.，2012）。

我们认同社会和政治因素对个人举报行为有一定的影响，但是更希望解释为什么在相同的政治体制、自由度和激励制度之下，有些人比起其他人会有更强的参与反腐败的意愿。我们认为，只关注宏观层面的制度因素是远远不够的。比如，在香港这样比较清廉的社会里，腐败案例很少，市民没有很多机会直接接触腐败，绝大多数市民都表达了愿意举报腐败的意愿，基于个人成本收益计算而进行举报的解释力就微乎其微了。

本文采用宏观—微观互动的视角去分析和解释为何人们参与反腐败的意愿不同。这项研究有两个基本假设。首先，市民对涉嫌腐败行为的反应是测量他们对腐败容忍度的一个有效指标。如果他们认为腐败是不可接受的，则会比较倾向于举报腐败。但是对腐败的低容忍度并不必然带来举报腐败的行为。人们即便对腐败不满，也不会向一个自己不信任的廉政机构举报。因此，我们进一步假设，民众参与反腐的意愿也反映了他们对政府反腐败工作的满意度和信心。民众对政府反腐败工作的评价会影响他们的举报意愿。

我们基于在香港收集的数据来检验这两个假设，找出并解释影响民众参与反腐败意愿的主要因素。我们期望本文在两个方面有所贡献。第一，我们试图构建一个宏观和微观互动的视角，以“社会嵌入式廉政治理”这一概念来理解民众对廉政建设的支持与参与。这一分析视角可以弥合结构主义和理性选择理论之间的分歧。前者认为，人们的行动只能通过更宏观的、支配性的社会系统去解释。而理性选择学派则相反，仅从个人视角去理解人们的行为。第二，我们尤其想了解政府廉政建设的有效性对于民众参与反腐的积极性有何影响。尽管某些个人特质，如教育程度和年龄等会影响到人们参与反腐败的意愿（Kofanova & Petukhov, 2006），但人们对整体的廉政治理水平的看法也会影响他们举报的意愿。本文提供以经验研究为基础的分析，试图找到影响民众是否参与反腐的因素，力求提出有效的廉政政策建议。

我们首先讨论“社会嵌入式廉政治理”这一概念，它是本文的核心。根据相关文献提出了两个主要假设，介绍变量和测量方法。然后对在香港进行的问卷调查的结果进行分析。接着，我们进一步讨论香港成功的原因，以及它对其他国家和地区廉政建设的启示。最后，我们以本文的贡献和局限性作为结语。

二　社会嵌入式廉政治理：概念和假设

腐败，广义上是指为了私人利益而滥用委托权力。它阻碍社会经济发展，破坏法治，对政府合法性和社会道德环境也会带来不利影响，这些都已被证明（Seligman, 2002; Rose-Ackerman, 1999）。目前的文献中，学者基本都认同针对腐败还没有万能灵药，常被开出的药方包括引入政治竞争的制度，经济自由化，媒体自由和法治。在发展中国家，这通常意味着要严格而公正的执行法律、加强政策过程的透明度，以及建立独立的反贪机构。如 Beer(2003) 提出的，发展中国家的选举竞争能提升政治代表性，保持权力分立，增强责任感和监督决策。但有些学者并不认为民主和腐败之间存在着清晰的线性关系，尽管他们相信两者之间存在一定的关联。Bäck 和 Hadenius(2008:12)认为，包括控制腐败在内的行政能力与民主化呈现 J 形关系，也就是“民主程度较低时两者呈负相关关系，民主程度较高时则呈正相关关系”。学者的注意力大多集中在用中观层次的制度问题来解释腐败。基于从 35 个发展中国家搜集的数据，Rauch 和 Evens(2000) 发现，以规则为基础的公共行政配合韦伯式的制度特质有助于减少腐败，这种特质包括固定的规则、非人格化的人际关系、稳定的职业生涯和任人唯贤的录用制度。Doig

等人(2007) 认为,发展中国家反腐败机构面临的三重困境,分别是制度建设、绩效和执行,以及组织延续性。他们亦指出,必须让反腐败机构发展自身能力,以适应其面临的政治、社会和经济环境。

我们认同建立有效的制度对廉政建设的重要性,但本文将从另一个视角看待反腐败的问题。我们认为,解决腐败问题不仅仅在于建立正式的制度,还在于集结"非正式的"、"社会参与的"力量。腐败作为一种社会痼疾,在社会生活中无处不在,影响着各行各业的人。与之相对应的,控制腐败也需要调动全社会的力量,采取社会嵌入的方式来开展。所谓的社会参与,指的是控制腐败应该汲取社会的力量、获得民众的支持,而不是单纯自上而下的运作。具体而言,社会嵌入式廉政治理是以两点为前提的:第一,社会整体上对腐败有较低的容忍度;第二,公众给予政府的廉政工作充分的支持,并且愿意参与反腐,如举报涉嫌腐败的案件等。

控制腐败显然有不同的途径。可以通过规训的方式,例如强调严格的管控、严厉的惩罚、硬性的规定以及强有力的反腐败机构(Paine, 1994)。这在中国过去的运动式反腐中很常见(Manion, 2004; Quade, 2007; Wedeman, 2008)。20 世纪 80 年代初以来的几十年间,政府强力反腐,大力推进廉政建设,自上而下的治理呈现周期性。与此同时,也出台了不少反腐败的法律法规,强化了廉政部门的权力。

廉政治理也可以自下而上开展,由强大的市民社会推动(Johnston, 2005; Jenkins, 2007)。例如,在菲律宾,非政府组织和民权运动曾经发起过廉政治理改革,直接导致了费迪南德·马科斯和约瑟夫·埃斯特拉达的下台(Beyerle, 2014) 。在印度全国范围民权运动的推动下,工人和农民争取到了信息公开的权利(Sengupta, 2016)。印度农村的"社会审计"项目允许村民参与,就公共资金的使用方式提出质疑(Sushmita, 2013)。新闻媒体自由也在反腐败中承担重要角色(Themudo, 2013)。这些例子都反映了社会支持和认可是成功反腐的必要条件。如果没有广泛的社会基础,即便有强烈的反腐败"政治意愿",也无法长久;在不开放的社会,以人治为特征的治理改革甚至会成为滥权的烟幕(Johnston, 2005: xi)。但仅仅依赖社会力量也不可能取得廉政治理的成功。自下而上的廉政改革动力是否能长期奏效值得探讨。以社会运动的方式寻求制度化的反腐成效常常以失败告终,原因是缺少合作和持续的策略(Johnston and Kpundeh, 2002)。

单纯依靠自上而下或自下而上的方式开展廉政治理都是不够的。制度改革如果仅仅以强大的政治意图来推动而缺乏足够的社会理解与支持则注定不可持续。但从另一方面来说,在反腐领域民众的意志和共识都需要有规范,并且获得向上传达的渠道才有可能起实质性的作用。最近的一项关于贿赂的实验研究发现,自上而下和自下而上的监察渠道的结合,大大减少了公职人员索贿的倾向(Serra, 2011)。

接下来,我们以在香港收集的数据来说明,在反腐过程中将自上而下的努力和自下而上的参与相结合的重要性。我们把制度因素作为影响人们举报意愿的外在因素,把人们对腐败的认识和容忍度看作内在因素。由此,我们提出两个假设。首先,那些认为腐败不道德且与社会规范背道而驰的人更愿意举报涉嫌腐败的行为,更倾向于采取行动来反对腐败。相反,那些认为在某些情况下可以容忍腐败的人则不太可能举报腐败行为。由此,我们得出:

假设一:人们对腐败的容忍度越低,就越容易举报腐败。

可是,对腐败的低容忍度并不必然会导致市民积极举报腐败。在一些腐败盛行的发展中国家,人们常常意识到腐败的危害。然而,他们中很少有人愿意采取进一步行动来举报腐败。这可能是因为在系统性腐败的背景下,腐败似乎是集体行动问题,而不仅仅是个人道德问题(Marquette, 2012)。Persson 等人(2013)在肯尼亚和乌干达这两个备受腐败困扰的发展中国家所做的研究发现,生活在腐败泛滥的环境中的人通常不会选择举报腐败,尽管从道德上说他们并不赞成腐败,尽管存在的制度和法律框架也敦促他们去举报。这是因为他们认为举报腐败不会对现状带来任何改变。类似的,调查结果显示,在中国市民中有一定比例的人不愿举报腐败①,尽管 2015 年的一项全国调查发现,如

① 详见《中国青年报》的报道,http://zqb.cyol.com/html/2013-12/10/nw.D110000zgqnb_20131210_1-07.htm, 2016-07-27。

果5分表示最高容忍度的话，市民的腐败容忍度低于2分(倪星、李珠，2016年，第13页)。这意味着，人们对腐败的态度不仅受到自身因素的影响，也受到外部因素的影响，包括政府的反腐表现，尤其是其获得公众信任的程度。更具体地说，民众对政府反腐行动的满意程度和信心会影响他们参与反腐败的意愿。如果他们不相信政府处理腐败的能力，就不会举报涉嫌腐败的案件。因此，我们的第二个假设是：

假设二：对政府反腐败工作的正面评价会增加举报腐败的可能性。

三 变量与测量

我们通过于2015年在香港进行的一项问卷调查中获得的数据来检验上述假设。①该调查采用入户访问的方式获取市民对腐败和政府反腐表现的看法。访问对象是随机抽样选出的。首先，根据家庭收入和家庭成员的数量，我们计算了香港412个选区的家庭收入中位数以下的家庭所占的比例，并据此对所有选区进行排序。然后将排序名单划分为40个间隔，在每个间隔随机选择一个选区，总共得到40个选区。与此同时，通过政府统计处，获得在40个选区内的6 744户家庭的资料。在访问时，如果该户有超过一个家庭成员年满18岁符合受访条件，那么由最快将过生日的人接受访问。最后，共获得1 025份有效问卷。

(一) 因变量：举报腐败的意愿

举报腐败的意愿是本研究的因变量。为了测量这个变量，我们询问了受访者是否愿意举报腐败，这道题有三个回答的选项："愿意"、"不愿意"和"不确定"。如图1所示，受访者中有719人(70.3%)和100人

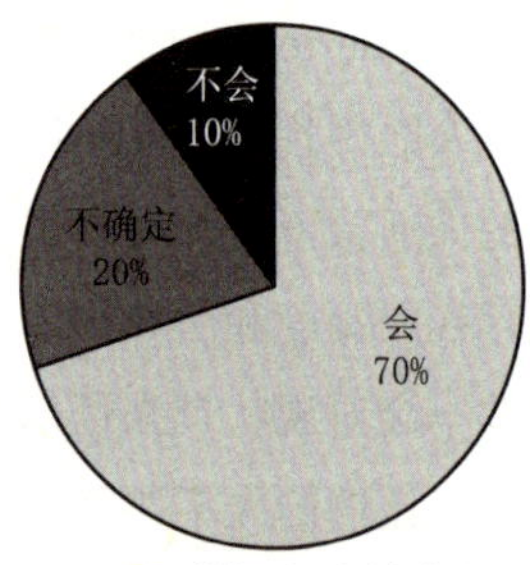

图1 举报腐败的意愿

① 该问卷在香港大学社会学研究中心的协助下发放。

(9.8%)分别表示“愿意”和“不愿意”。这证实了大多数民众在遇到腐败时愿意采取行动。也许有人会说,受访者的回答可能会受到社会期望的影响(Fisher, 1993)。因为这项调查完全是匿名的,这应该不是一个大问题。

（二）自变量

第一个自变量是民众对腐败的容忍度。我们的调查问卷采用了两种测量方法:自我报告的腐败容忍度以及对假设性腐败理由的回应情况。首先,我们询问受访者“你对腐败的忍受度是怎么样的”,问卷提供了0—10级的选择,“0”意味着对腐败完全无法容忍,“10”代表了完全可以容忍。结果表明,该问题的均值为1.24,标准差为2.32。如图2所示,在受访者中,705人表示他们对腐败“零容忍”。这并不奇怪,因为在许多其他类似的调查中,香港市民对腐败的容忍度都比较低。然而,较高标准差则显示,受访者对腐败的容忍度虽然普遍较低,但却仍有很大差异。

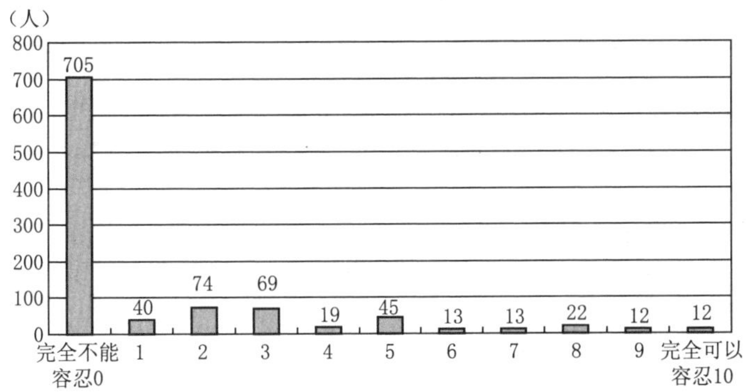

图2　自我感知的腐败容忍度

我们还用了一个假设性的情境来测量受访者对腐败的容忍度。这道题询问受访者会多大程度上同意以下表述,“如果没有其他选择,为了达到某个合理的目的而使用腐败这种手段是可以原谅的”。我们使用5分李克特量表来测量受访者的回答,从“强烈同意”(5)到“强烈不同意”(1)。约有80%的受访者表示,他们“强烈不同意”或“不同意”这种说法，均值为 1.79，标准差为 1.09。（见图 3）这再次证实了受访者对腐败的容忍度较低。

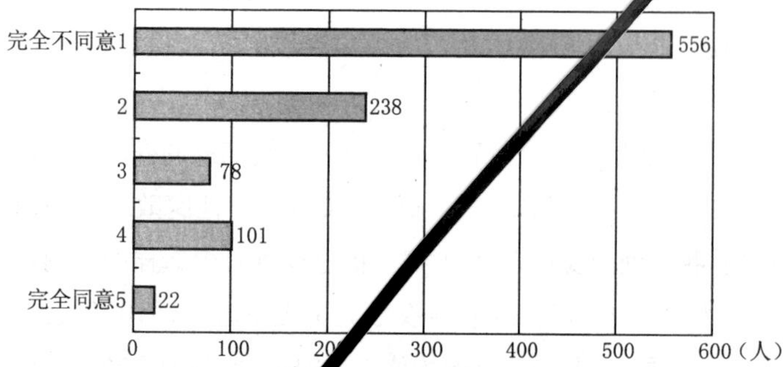

图 3　假设情境下对腐败的容忍度

第二个自变量是民众对政府反腐败工作的看法，是通过三个指标来测量的。首先是评估人们对香港最重要的反腐机构廉政公署(ICAC)的信任。在问卷中，我们询问了受访者“在多大程度上，廉政公署值得你的支持”。问卷最初提供了四种选择——“非常值得”、“值得”、“不值得”和“根本不值得”。绝大多数受访者认为 ICAC 值得他们支持，而只有很少一部分人认为 ICAC 不值得支持，这个结果并不让人奇怪。由于给出不支持的回应者较少，我们把最初的回答合并为三大类——非常值得、值得以及不值得。（见图 4）

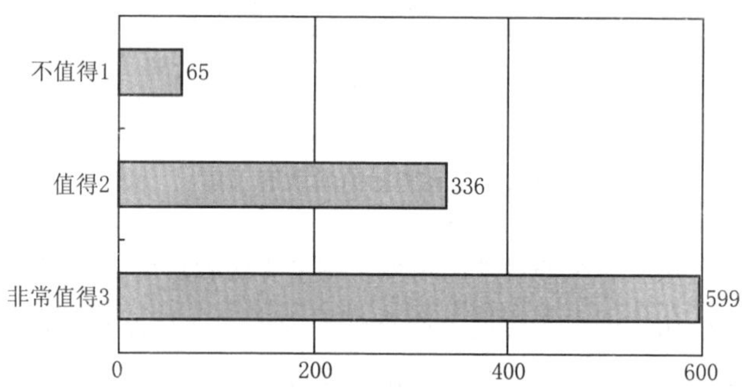

图 4　“ICAC 是否值得支持?”

另外两个测量指标分别是受访者对政府反腐败工作回顾性评估和前瞻性评估。回顾评估的测量询问受访者“你认为香港特区政府在过去一年是否有效地控制了贪污?”4 代表“非常有效”,1 表示“完全无效”。有一大半受访者认为政府的表现是有效的,回答见图 5。

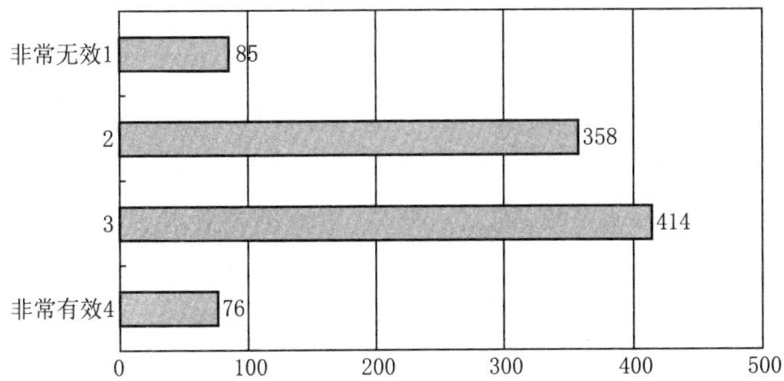

图 5 “政府控制腐败有效性如何?”

调查问卷还包括了一个前瞻性评估:“你认为你对反腐败的信心在明年会增加、减少还是保持不变?”回答的选项是一个李克特 5 分量表。大多数人说他们的信心会保持不变或增加。(见图 6)根据现有文献,公民的回顾性和前瞻性评估可能会影响他们的行为和对腐败的态度(Becher & Donnelly, 2013; Li et al., 2015)。这些对政府的正面评估应会提高市民举报腐败的意愿。

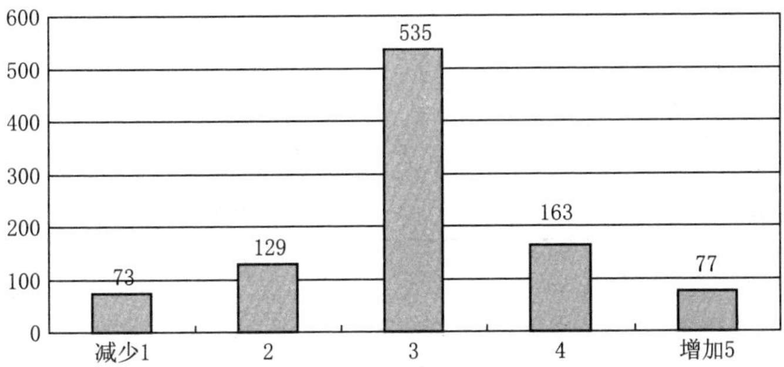

图 6 “对未来反腐败执法的信心如何?”

为了检验指标的有效性，我们对人们对政府反腐工作看法的三个指标进行了相关性分析。结果表明，它们三者之间存在一定的正相关（它们的相关系数介于 0.24 和 0.30 之间）。因此，我们不需要担心回归分析中同时纳入三个指标可能存在的共线性问题。

我们的研究也包括一些其他控制变量（见表 1）。人民如何看待腐败的原因可能会影响他们举报腐败的意愿。如果认为腐败是深植于文化之中的，很难预防，那么人们就不太可能举报腐败。我们的回归模型控制了五种常见的腐败原因，包括政治与商业的紧密联系、反腐执法不力、重视熟人关系的文化、缺乏透明度、个人的贪婪和自私。所有这些控制变量都是虚拟变量。

表 1 显示，大多数受访者认为，政治与商业之间的紧密联系、个人贪婪以及缺乏透明度是造成香港贪污的主要原因。我们也控制了常见的人口统计学变量，包括教育水平、月收入、工作状况、年龄和性别。腐败经历也会影响举报腐败的意愿。但如果不知道那些经历过腐败的人是腐败交易的受害者还是受益者，我们就很难预测他们在面对腐败时会如何应对①。最后，民众对举报腐败程序的熟悉程度可能会对举报意愿有影响。对程序越熟悉就越有可能举报腐败。

表 1　描述性分析

变　　量	均值	标准差	最小值	最大值
举报腐败（2＝会，1＝不确定，0＝不会）	1.61	0.66	0	2
政商紧密联系（1＝是）	0.56	0.50	0	1
缺乏反腐败力度（1＝是）	0.34	0.47	0	1
熟人文化（1＝是）	0.34	0.47	0	1

① 我们的调查显示，那些有贪污经历的受访者不太愿意举报贪污。相关分析表明，他们更有可能怀疑举报的有效性（系数 ＝ 0.065，在 5%水平显著），他们更担心的是举报腐败对他们的朋友可能造成的伤害（系数 ＝ 0.085，在 1%水平显著）。然而，因为只有 4%的受访者表示他们或他们的亲属经历过腐败，因此这个统计结果很可能并不具有统计上的意义。

(续表)

变　　量	均值	标准差	最小值	最大值
缺乏透明(1＝是)	0.39	0.49	0	1
个人贪婪(1＝是)	0.51	0.50	0	1
教育水平(6＝最高教育水平)	3.04	1.74	1	6
腐败经历(1＝有)	0.04	0.19	0	1
收入(7＝最高收入)	2.89	2.15	1	7
工作(1＝有)	0.47	0.50	0	1
年龄(取对数)	3.88	0.38	2.89	4.53
性别(1＝男性)	0.46	0.50	0	1
熟知举报程序(2＝熟悉)	1.07	0.93	0	2
ICAC 值得支持(3＝非常值得)	2.53	0.62	1	3
反腐败有效性(4＝非常有效)	2.52	0.77	1	4
对执法的信心(5＝信心提高)	3.04	0.96	1	5
普遍性的容忍度(10＝最能容忍)	1.24	2.32	0	10
腐败是否可原谅(5＝十分同意)	1.79	1.09	1	5

资料来源:作者的问卷调查数据。

四　实证结果与分析

由于因变量举报腐败的意愿属于次序变量,所以我们在数据分析中采用了次序 Logic 回归方法。此外,由于受调查者来自不同的选区,一些与特定选区相关的遗漏变量可能会影响他们举报腐败的意愿,因此我们的回归报告了稳健的标准误差。(见表 2)①模型(1)和模型(2)

① 我们进行了一些回归诊断。例如,对所有变量进行多重共线性检验,结果显示方差膨胀因子(VIF)从 1.07—6.27 不等,表明我们的模型没有多重共线性问题(Gujarati, 2015:86)。Link 测试也表明这些模型不受遗漏变量的影响。此外,在所有模型中,我们都根据选区报告了稳健标准误差。因此,我们认为忽略变量的影响是微弱的。

分别加入了腐败容忍度的两个指标。模型(1)中报告了一般容忍度对举报腐败的意愿的影响,模型(2)引入了假设情况下的腐败容忍度对举报腐败的意愿的影响。如预期中,腐败容忍度的系数均为负,且都在1%水平显著,表明它们与举报腐败意愿之间有显著的负相关关系;也就是说,对腐败的容忍程度越高,人们举报涉嫌腐败的可能性就越小。即使在模型(6)中,我们纳入了所有要考察的变量,这两个腐败容忍度的系数只是略有变化,而它们的显著水平保持不变。我们的数据支持了假设 1,也即,香港社会对腐败的容忍度普遍较低,从而解释了为何香港市民愿意举报腐败。

表 2　影响民众举报意愿的回归分析

变　量	(1)	(2)	(3)	(4)	(5)	(6)
政商关系 (1=是)	−0.268 (0.176)	−0.337* (0.200)	−0.303 (0.190)	−0.334* (0.179)	−0.194 (0.174)	−0.412** (0.210)
缺乏执法 (1=是)	0.219 (0.149)	0.168 (0.162)	0.232 (0.169)	0.147 (0.148)	0.240 (0.149)	0.156 (0.206)
熟人关系 (1=是)	−0.337** (0.144)	−0.386*** (0.147)	−0.444*** (0.146)	−0.384*** (0.135)	−0.403*** (0.145)	−0.581*** (0.178)
缺乏透明 (1=是)	0.228 (0.162)	0.260 (0.174)	0.286 (0.186)	0.114 (0.158)	0.205 (0.172)	0.163 (0.213)
个人贪婪 (1=是)	−0.369*** (0.138)	−0.354** (0.141)	−0.503*** (0.162)	−0.424*** (0.132)	−0.400*** (0.145)	−0.594*** (0.185)
教育水平	−0.006 (0.054)	−0.004 (0.051)	0.052 (0.060)	0.005 (0.056)	0.039 (0.056)	0.044 (0.066)
腐败经历 (1=有)	−1.262*** (0.261)	−1.375*** (0.281)	−1.030*** (0.328)	−1.289*** (0.256)	−1.303*** (0.266)	−0.956*** (0.359)
收　入	0.104 (0.081)	0.110 (0.085)	0.109 (0.099)	0.083 (0.086)	0.084 (0.083)	0.063 (0.095)

（续表）

变　量	(1)	(2)	(3)	(4)	(5)	(6)
工　作	-0.457 (0.296)	-0.411 (0.314)	-0.509 (0.385)	-0.369 (0.311)	-0.341 (0.326)	-0.301 (0.382)
年龄的对数	-0.456 (0.285)	-0.423 (0.273)	-0.409 (0.281)	-0.547* (0.281)	-0.381 (0.271)	-0.659** (0.257)
性　别 (1=男性)	0.045 (0.178)	0.060 (0.193)	0.117 (0.176)	0.132 (0.173)	0.065 (0.185)	0.290 (0.190)
举报程序	0.402*** (0.076)	0.428*** (0.080)	0.365*** (0.087)	0.396*** (0.083)	0.439*** (0.078)	0.385*** (0.076)
反腐有效性			0.317** (0.131)			0.338** (0.143)
对 ICAC 支持				0.247** (0.103)		0.133 (0.118)
对未来 执法信心					0.212** (0.085)	0.129 (0.102)
一般容忍度	-0.127*** (0.021)					-0.098*** (0.028)
腐败是否 可原谅		-0.284*** (0.062)				-0.276*** (0.071)
Prob>chi² Pseudo R^2 Observations	0.000 0.057 827	0.000 0.060 807	0.000 0.051 766	0.000 0.046 810	0.000 0.050 797	0.000 0.080 718

注：1. 因变量：举报腐败的意愿。所有模型为次序 Logic 回归。
2. 括号内为稳健标准差。 *** $p<0.01$，** $p<0.05$，* $p<0.1$。
资料来源：作者的问卷数据。

模型(3)—(5)报告了对政府反腐工作的看法会影响民众举报的意愿。结果显示，三个指标的系数在5%的水平显著，系数的方向与我们的预期相同。这表明，民众对政府反腐表现的看法很重要。如果他们认为廉政公署应该得到他们的支持，在遇到腐败问题时，他们就更有可能举报腐败。如果他们认为政府过去的反腐行动是有效的，他们就会更愿意采取行动反对腐败。同样，如果公民对政府未来控制腐败的努力有很高的信心，他们举报腐败的可能性就会增加。由于这三个变量之间只有中度的相关性，统计结果证实了我们的假设，即民众对政府反腐绩效的积极评价使得他们更有可能举报腐败。当模型(6)把所有变量纳入回归模型时，政府反腐败有效性的系数略有增加，仍然在 5%的水平上显著。虽然其他两个变量没有达到可接受的显著水平，但估计系数值仍然是正的，与假设相符。因此，回归结果为假设 2 提供了部分证据。也就是说，政府反腐败工作的成效是鼓励民众举报腐败的重要原因之一。

总体而言，两个研究假设都得到了证实：人们对腐败的容忍度和对政府反腐工作的看法都会对举报腐败的意愿产生影响。在比较假设 1 和 2 的实证结果时，我们发现，对腐败容忍程度似乎比对政府反腐败表现的看法对举报腐败的意愿有更强的影响。在模型(6)中，两个测量腐败容忍程度的指标在 1%的水平上都显著，而对于政府反贪工作表现的变量，三个测量指标中只有一个，即反腐败的有效性与模型(3)相比仍处于同等重要的水平。这一发现可能意味着，在统计意义上，腐败容忍度比市民对政府反腐意愿的看法更可能影响举报意愿。

但要谨慎对待这一看法。正如图 4 和图 6 所示，大部分受访者表示，廉署值得他们的支持，他们对政府反贪执法的信心会在来年保持不变。综上所述，这些调查结果都显示，香港市民普遍认为政府的反腐败工作，特别是廉政公署是非常重要的。为使香港成为一个清廉社会，政府和公众之间的相互信任和共同努力已经发挥了作用，并将继续发挥作用(Scott, 2013; Scott and Gong, 2015)。因此，我们的研究结果证实了反腐治理中两个至关重要的组成部分，即政府反腐败的效能和社会对腐败的零容忍。

五　如何解释香港反腐败的成功？

无论政权类型如何，腐败对社会都是有害的，世界各国和地区政府都在努力控制腐败，但成功的例子却并不多见。香港是为数不多的成功案例，它的反腐败经验，尤其是在民众支持和参与反腐治理方面取得的成就引起了全世界的关注。要了解反腐败的成败需要对特定情况下腐败是如何发生及人们如何应对作充分的了解，即要"……更好地理解不同的社会条件下，历史发展进程、机构设置、社会经济组织和特定的腐败问题之间的关系"(Heywood，2017:40)。

香港在 20 世纪 70 年代时深受腐败的困扰(Lethbridge，1985)。然而，在随后的几十年里，它在根治腐败方面取得了巨大的成功。这可能是由于廉政公署的及时建立以及在公务员制度中建立了基于规则的诚信体系。"制度设计解释了香港如何成功地从普遍腐败转型为廉洁政府"(Manion，2004:200)。同样重要的是，廉政公署的反贪工作已获得公众的广泛支持。

我们认为，香港在打击腐败方面取得的成功在于其嵌入社会的强大治理能力，尤其是其争取公众支持的能力。一般来说，治理能力有两个主要维度：一个是制度维度(institutional dimension)，另一个是关系维度(relational dimension)(Bell & Hindmoor，2009)。制度维度反映的是正式的组织、规则、规范和政府的执法(North，1990；Thelen and Steinmo，1992)。关系维度则涉及政府与市民及非政府组织的合作互动(Evans，1997)。香港的反腐败治理体现在这两个维度上。在制度上，廉政公署及其三管齐下的诚信管理架构——执法、预防及教育——卓有成效。廉政公署一直被誉为反贪机构的"黄金标准"(Batory，2012)，为其他国家和地区所效仿(Lethbridge，1985；De Speville，2010；Scott，2011)。

特别值得注意的是，廉政公署也积极推行关系维度的执法方式，即超越自上而下，不墨守成规，突破官僚作风，强调反贪工作的公众参与。1975 年，廉政公署在成立后不久即成立了社区关系处，目的是为民众参与提供支持。这是一个及时的安排，因为当时尽管民众对廉政公政公署的成立有初步的热情，但调查结果显示，在总督麦理浩爵士于 1977 年对贪污警员作了部分赦免之后，民众对廉政公署的信心大幅下降①(ICAC, 1979a: iii; 1979b:15)。在部分大赦之后，廉政公署收到的贪污举报总数也下降了(Scott, 2013)。为了赢回急跌的民众支持，廉政公署采取了循序渐进的策略，到基层宣传，让市民提高认识及积极参与。第一步是透过各种宣传手段让市民了解廉政公署存在的必要性及打击贪污的重要性，例如通过电视/电台宣传、制作并发放宣传海报及宣传小册子等。此后的第二步是将密集的宣传活动“渗透”到社会的各个角落，廉政公署人员与居民面对面地接触，以寻求他们对反腐工作的支持。廉政公署特别努力地接触“高风险”或“难以接触到”的群体，如小贩和渔民，他们特别容易受到腐败的影响和危害(Scott & Gong, 2015)。而鼓励市民参与打击贪污是廉政公署参与策略的第三步。廉政公署向公众发出明确而直接的信号，即打击腐败是一项社会事业，需要得到市民援助，例如举报涉嫌腐败的案件。廉政公署在鼓励市民举报的同时还采取多项措施保护投诉人，确保他们的身份保密和优先保护证人。廉政公署的证人保护及枪械科对任何可疑的干涉案件迅速采取行动。廉政公署在处理贪污举报时亦恪守承诺，在 48 小时内回应投诉，并在多数情况下，在 12 个月内完成调查。

廉政公署“三管齐下”的反腐败策略十分奏效，无论是在正式制度还是非正式的制度建设方面。如 Skoog(2005)所指，非正式的制度往往是基于某些道德规范或准则而发展起来的，这些准则为社会上大多数人所接受。廉政公署的努力不仅增强了公众对政府反腐工作的信

① 廉政公署的部分大赦对 1977 年 1 月 1 日以后发生的罪行进行了限制，排除了那些已经被开除的人，或已经发出认证书，或在香港以外地方的人员。

心，同时也培育了对贪污腐败的零容忍文化。在经历了早些年的挫折之后，市民举报腐败的意愿迅速回升。统计数据显示，从 1977 年到 1986 年（ICAC, 1979c, 1986），愿意举报腐败的人数比例从 1977 年的 60.9%上升到 1986 年的 87.6%，此后一直居高不下。即使今天的香港人生活在一个相对廉洁的社会环境中，仍然对可能出现的腐败保持高度警惕。廉政公署每年仍接获数千份贪污举报，而廉政公署的反贪工作亦受惠于高举报率，因为其中许多是可追查的（ICAC, 2015）。基于廉署数据的相关分析显示，1995 年至 2015 年间，总腐败举报与拘捕人员之间的相关系数为 0.78（在 1%的水平上显著）。[①]我们也从早先的一项调查中发现，香港的年轻人由于生活在相对清廉的社会环境中，对腐败容忍度较低，更愿意举报腐败。相反，来自其他地区的香港的新移民似乎对腐败更宽容一些，也不太愿意举报腐败行为（Gong & Wang, 2013）。

香港在控制腐败方面取得的成功证明了以社会参与为基础的反腐败策略的重要性。它表明，要想成功地打击腐败，政府应该让市民成为共同建设廉洁社会的伙伴，而民众则应该积极参与并主动提供帮助。举报腐败反映民众反对腐败的意愿，也是衡量他们对政府反腐工作信任度的一个指标。较高的腐败举报率增加了腐败行为实际的和潜在的成本，可以阻止它的发生。举报腐败也会给政府带来压力，使其更坚决、更积极地打击腐败。实际上，公民提供的丰富而可靠的信息使政府能够快速、相对容易地发现腐败问题。因此，提高腐败的举报率会促进腐败治理的有效性。

在许多发展中国家，控制腐败的失败在于利益相关者不愿意举报腐败（Persson et al., 2013）。一些市民也认为举报腐败不会带来任何改变，或可能是害怕报复等负面后果（van Vuuren, 2003）。即使在一些发达社会，法律保护的不足也可能影响公务人员举报工作场合发生

① 举报腐败的数据来自廉政公署官方网站：http://www.icac.org.hk/en/useful_information/cr/index_enlarge.html（2016 年 11 月 2 日获取），而关于拘捕人员的数据是从历年的廉署年度报告中获得。

的违法行为(Zipparo，1999)。香港的经验对其他地区的启示不仅在于制度建设方面，诸如建立反腐败机构，而且还在于反腐机构如何与民众建立起密切关系并保持良好互动。一些发展中国家可能既没有有效的反腐败机构，也没有对腐败零容忍的社会环境。对他们来说，发展有效和强大的反腐败机构也许是第一步，正如香港在反腐初期所做的一样。尽管如此，我们认为，在那些政府在控制腐败方面表现不力的国家和地区，民众还是可以采取主动行动。政府在遏制腐败方面的无能可以迫使民众自己动手，抵制和反对腐败。

对腐败的低容忍度并不一定会转化为反腐败的意愿。在中国某省会城市进行的一项调查中使用了我们研究中类似的问题，问及受访者对腐败的容忍度，所得平均值为 1.18(“0”为最低，“10”为最高)，标准差为 2.06，与我们在香港得到的结果相当接近。尽管如此，当被问及他们是否会举报腐败时，32%的受访者回答“是”，而在香港这一比例通常为 70%(袁柏顺，2016)。这些发现支持了我们的假设，即内在和外在因素都会影响人们举报腐败的意愿。由于对举报人缺乏保护以及对政府打击腐败的诚意缺乏信任，人们对腐败的低容忍度往往不会转化为举报腐败的意愿。如果民众不举报腐败是由于政府在控制腐败方面表现不佳，那么，政府下一步的行动就会遇到更多困难，这就造成了民众不支持政府反腐与政府反腐表现不佳的恶性循环。

拥有强大的反腐败机构是有效反腐的必要条件，但不是充分条件。民众对控制腐败的渴望应该体现在举报腐败的意愿上，这样自上而下的反腐败努力才能有效地发挥作用。因此，如何将市民的低容忍度转化为他们参与反腐败的具体行动至关重要。要做到这一点，反腐败机构必须获得民众的信任和支持。这将反过来对民众举报腐败的意愿产生积极影响，因为他们会认为政治机构在打击腐败方面是真诚的和值得信任的。本研究对香港廉政公署在社区关系上的努力和香港成功经验的探讨证明了这一点。

六 结 论

许多廉政研究都集中在的宏观层面的机构改革，认为反腐机构是控制腐败成功的关键，而本研究的重点则是考察民众参与反腐败的必要性和可能性。我们尤其关注如何提升市民举报腐败的意愿。我们发现有两个必要条件影响了人们是否举报腐败的决定：对腐败的低容忍度，以及对政府反腐败工作的满意和信任。这两个因素是香港过去几十年成功控制腐败的根本原因。我们的调查数据为这一结论提供了有力的佐证。我们的研究是基于香港的，但其结论可能也适用于其他地区。我们的研究结果显示，控制腐败不仅需要宏观层面的制度建设和高效的反腐败机构，同时也需要在微观层面提高公众意识，培养社会对腐败的零容忍。在香港，防止腐败的宏观和微观举措携手并进，它们的相互作用使社会得以保持廉洁。这正是香港的经验所给予的启示。

我们的研究有积极的政策意义。面对猖獗的腐败，中国几十年来一直在加强反腐治理，中共十八大以来尤甚，颁布了许多新的、更为严厉的反腐败法规(Gong and Xiao, 2016)。据报道，到 2016 年底，已有超过 14 万个政府官员因违反规定而受到法律或纪律处分。[①]这表明中国在打击腐败方面有很强的政治意愿。中央纪律检查委员会是主要的反腐机构，发挥了全方位的作用。与此同时，反腐工作也应更多地鼓励市民参与，提升民众对反腐倡廉工作的满意度和信任度，推动透明公正的反腐败程序，建立更广泛的民众参与机制。

香港在反腐败工作上的成功表明了培养对腐败零容忍的社会环境的重要性，这是任何社会有效控制腐败的必要条件。香港市民对贪污很敏感，在遇到可疑案件时一般会举报。这种低容忍度是本文提到的廉政公署在公众参与策略上所作努力的结果，也是其他学者(例如

---

① 详见 http://www.chinanews.com/gn/2016/12-22/8102041.shtml，2017-03-17。

Marquette，2007）所说的民众教育的结果。廉政公署的“全方位”反贪模式旨在营造对腐败零容忍的氛围。其提倡反腐机构与其他社会组织共同努力，促进民众对反腐败法规的了解，使市民熟悉举报程序，提升举报的便利度，完善证人保护机制。只有这样，政府和社会才能在控制腐败方面建立起最优的互动关系。

参考文献

倪星、李珠：《政府清廉感知：差序格局及其解释——基于 2015 年度全国廉情调查的数据分析》，《公共行政评论》2016 年第 3 期。

袁柏顺：《公众腐败感知与腐败的民间传说——基于 C 市城区公众腐败感知调查的一项研究》，《公共行政评论》2016 年第 3 期。

Bäck H，Hadenius A. (2008). “Democracy and state capacity：exploring a J-shaped relationship,” *Governance*, 21(1):1—24.

Batory A. (2012). “The difficult life of anti-corruption agencies,” *Governance*. 25(4):639—660.

Becher M，Donnelly M. (2013). “Economic performance，individual evaluations，and the vote：Investigating the causal mechanism,” *The Journal of Politics*. 75(4):968—979.

Beer C. (2003). *Electoral competition and institutional change in Mexico*, Notre Dame：University of Notre Dame Press.

Bell S，Hindmoor A. (2009). The governance of public affairs. *Journal of Public Affairs*, 9(2):149—159.

Beyerle S.M. (2014). *Curtailing corruption：people power for accountability and justice*, Boulder，CO：Lynne Rienner.

Corruption Watch. (2014). South Africans' reasons for not reporting corruption. 10 December，available at：http://www.corruptionwatch.org.za/south-africans-reasons-for-not-reporting-corruption/(accessed 26 July 2016).

De Speville B. (2010). “Anticorruption Commissions：the ‘Hong Kong model’ revisited,” *Asia-Pacific Review*, 17(1):47—71.

Doig A，Watt D，Williams R. (2007). “Why do developing country anti-corruption commissions fail to deal with corruption? Understanding the three dilemmas of organisational development, performance expectation, and donor and government cycles," *Public Administration and Development*, 27(3):251—259.

Evans P. (ed.) (1997). *State-society synergy: government and social capital in development*, Berkeley: University of California at Berkeley.

Fisher R. J. (1993). "Social desirability bias and the validity of indirect questioning," *Journal of consumer research*, 20(2):303—315.

Gong T, Wang S. (2013). "Indicators and implications of zero tolerance of corruption: The case of Hong Kong," *Social Indicators Research*, 112(3): 569—586.

Gong T, Xiao H. (2016). "The Formation and Impact of Isomorphic Pressures: Extravagant Position-Related Consumption in China," *Governance*. DOI:10.1111/gove.12242.

Gottfredson M. R, Gottfredson D. M. (1987). *Decision-Making in criminal justice: toward the rational exercise of discretion*, 2nd ed., New York: Plenum Press.

Gujarati D. (2015). *Econometrics by example*. 2nd ed., New York: Palgrave.

Heywood, P. (2017). Rethinking corruption: hocus-pocus, locus and focus. *Slavonic and East European Review*, 95(1):22—48.

ICAC. *ICAC Mass survey* (1979a, 1979b, 1979c, 1984, 1986, 1997 and 2015). Hong Kong, ICAC: Community Research Unit.

Jenkins R. (2007). "Civil society versus corruption," *Journal of Democracy*, 18(2):55—69.

Johnston M, Kpundeh S.J. (2002). *Building a clean machine: anti-corruption coalitions and sustainable reforms*, World Bank Institute Working Paper: 37208.

Johnston M. (ed.). (2005). *Civil society and corruption: mobilizing for reform*, Lanham, Md.: University Press of America.

Klitgaard R. (1988). *Controlling corruption*. Los Angeles University of

California Press.

Kofanova E., Petukhov V. (2006). "Public opinion of corruption in Russia," *Russian Social Science Review*, 6:23—46.

Lethbridge H.J. (1985). *Hard graft in Hong Kong: scandal, corruption, the ICAC*, New York: Oxford University Press.

Li H, Xiao H., Gong T. (2015). "The impact of economic well-being on perceptions of anti-corruption performance: evidence from China," *Policy and Society*, 34(2):97—109.

Manion M. (2004). *Corruption by design: building clean government in mainland China and Hong Kong*, Cambridge, MA: Harvard University Press.

Marquette H. (2007). "Civic education for combating corruption: lessons from Hong Kong and the US for donor-funded programmes in poor countries," *Public administration and development*, 27(3):239—249.

Marquette H. (2012). "'Finding God' or 'Moral Disengagement' in the fight against corruption in developing countries? Evidence from India and Nigeria," *Public Administration and Development*, 32(1):11—26.

North D.C. (1990). "A transaction cost theory of politics," *Journal of Theoretical Politics*, 2(4):355—367.

Paine L.S. (1994). "Managing for organizational integrity," *Harvard Business Review*, 72(2):106—117.

Persson A., Rothstein B., Teorell J. (2013). "Why anticorruption reforms fail-systemic corruption as a collective action problem," *Governance*, 26(3):449—471.

Quade E.A. (2007). "The logic of anticorruption enforcement campaigns in contemporary China," *Journal of Contemporary China*, 16(50):65—77.

Rauch J.E., Evans P.B. (2000). "Bureaucratic structure and bureaucratic performance in less developed countries," *Journal of public economics*, 75(1): 49—71.

Rose-Ackerman S. (1999). *Corruption and government: causes, consequences, and reform*, Cambridge: Cambridge University Press.

Scott I. (2011). "The Hong Kong's ICAC's approach to corruption prevention," In Graycar A, Smith R. (eds.), *Global handbook of research and practice in corruption*, Cheltenham: Edward Elgar.

Scott I. (2013). "Engaging the public: Hong Kong's Independent Commission Against Corruption's community relations strategy," In Quah J.S.T. (ed.), *Different paths to curbing corruption: Lessons from Denmark, Finland, Hong Kong, New Zealand and Singapore*, Bingley: Emerald Group Publishing Limited.

Scott I., Gong T. (2015). "Evidence based policy-making for corruption prevention: a bottom up approach," *Asia Pacific Journal of Public Administration*, 37(2):87—101.

Seligman M.A. (2002). "The impact of corruption on regime legitimacy: a comparative study of four Latin American Countries," *Journal of Politics*, 64(2):408—433.

Sengupta M. (2016). "Civil society and anti-corruption initiatives in India: towards a citizen's perspective," In Gong T., Scott I. (eds.), *Routledge handbook of corruption in Asia*, Routledge.

Serra D. (2012). "Combining top-down and bottom-up accountability: evidence from a bribery experiment," *Journal of Law, Economics, and Organization*, 28(3):569—587.

Skogan W.G. (1984). "Reporting crime to the police: the status of world research," *Journal of Research in Crime and Delinquency*. 21:113—37.

Skoog G.E. (2005). "Supporting the Development of Institutions-Formal and Informal Rules." UTV Working Paper, 3. Swedish International Development Cooperation Agency, Stockholm. http://www.sida.se/globalassets/publications/import/pdf/sv/20053-supporting-the-development-of-institutions-formal-and-informal-rules-an-evaluation-theme-basic-concepts_1886.pdf (accessed 18 March 2017).

Sööt ML, Rootalu K. (2012). "Institutional trust and opinions of corruption," *Public Administration and Development*, 32:82—95.

Sushmita G. (2013). "Social audits in India," *International Research Journal of Social Sciences*, 2(11):41—45.

Thelen K, Steinmo S. (1992). "Historical institutionalism in comparative politics," In Steinmo S., Thelen K., Longstreth F. (eds.), *Structuring politics: historical institutionalism in comparative analysis*, New York: Cambridge University Press.

Themudo N.S. (2013). "Reassessing the impact of civil society: nonprofit sector, press freedom, and corruption," *Governance*, 26(1):63—89.

TI. (2011). *East African Bribery Index (EABI) 2011 launch: Burundi most corrupt country in East Africa as Uganda Police heads list of most bribery prone institutions*. 20 October, available at: http://www.transparency.org/news/pressrelease/20111020_EABI(accessed 27 July 2016).

Tolsma J., Blaauw J., Grotenhuis M.T. (2012). "When do people report crime to the police? Results from a factorial survey design in the Netherlands, 2010," *Journal of Experimental Criminology*, 8(2):117—134.

van Vuuren H. (2016). "Small bribes, big challenge: extent and nature of petty corruption in South Africa," *South African Crime Quarterly*, (9): 11—16.

Wedeman A. (2008). "Win, lose, or draw? China's quarter century war on corruption," *Crime, Law and Social Change*, 49(1):7—26.

Zipparo L. (1998). "Factors which deter public officials from reporting corruption," *Crime, Law and Social Change*, 30(3):273—287.

区域双边合作网络中地方政府角色划分与风险识别

——以泛珠三角为例 *

马　捷　陈　斌　阚艳秋 **

[内容提要]　随着我国区域合作的不断深入和推进,不同地方政府在合作中的角色怎样,地方政府会做出怎样的风险判断与表达?本文利用网络数据建立区域双边合作的角色差异定位模型,将角色与风险匹配,分析合作行为逻辑。研究发现:(1)区域合作包括“积极寻求合作者”、“区域合作活跃者”、“区域合作不活跃者”及“区域合作权威者”四类角色。(2)泛珠三角区域合作中,地方政府的理性选择是异质性合作多于同质性合作,高风险合作多于低风险合作。(3)广东是“区域合作的活跃者”,在与其他省区的合作中均起到了积极的作用;内陆各省在不断通过低风险合作融入泛珠区域;香港和澳门作为“区域合作权威者”嵌入性依然较低,这是未来制度建设和实践突破的方向。

[关键词]　地方政府;双边合作;角色划分;合作风险

[Abstract] China's regional cooperation is advancing in depth. What is the role of different local governments in cooperation and what risk judgment and expression will local governments make? This study builds a conceptual model to identify actors in regional bilateral cooperation. Combine with risk index, this paper. The results show: (1) There are four actors in regional cooperation, they are novice actors, high involvement actors, low involvement and expert. (2) In Pan-Pearl River Delta, local governments choose more heterogeneous cooperation than homogeneous cooperation and more low risk cooperation than high risk cooperation. (3) Guangdong, as a high involvement, plays a bridge between the mainland and Hong Kong and Macao; Mainland provinces are integrating in the whole regional through low risk cooperation; Hong Kong and Macao, as experts, are still less embedded in regional cooperation, which is the direction of future institutional building and practical breakthroughs.

[Key Words] Local Governments; Bilateral Cooperation; Role Identification; Cooperative Risk

* 本研究由“国家自然科学基金面上项目”(项目编号:71774026)和“国家社科基金面上系项目”(项目编号:17BGL212)资助。

** 马捷,电子科技大学经济与管理学院副教授;陈斌,纽约城市大学巴鲁克学院副教授;阚艳秋,电子科大学公共管理学院硕士研究生。

一 问题的提出

近年来,我国经济合作进入新阶段,表现出深度延伸和广度拓展的特征。就深度而言,原有沿海合作区完成整体升级,泛珠三角、长三角、京津冀合作全面提升,同时提出粤港澳大湾区、杭州湾大湾区、长江经济带等区域合作拓展版本;就广度而言,在沿海区域合作的示范效应下,成渝城市群与长株潭城市群等正在为内陆的赶超发挥积极作用。然而,地方政府主导下的区域合作仍存在多重困境:一方面,信息不对称、偏好差异导致的区域公共治理问题频发,如跨界污染、经济发展不平衡等;另一方面,政治锦标赛等制度因素带来内生动力、合作意愿不足。因此,在区域合作快速推进的同时如何正确认识不同地方政府的角色定位,打破区域合作中的多重困境,降低合作风险,促进区域可持续协调发展,是当前的重要研究议题。

在我国,区域内部不同主体之间存在非均衡发展,经济增长速度、资源禀赋、地理位置等都有较大差异。当地方政府预期到合作收益,他们将面临合作制度与合作行为的设计和执行等集体行动问题(Feiock & Scholz, 2010)。因而在合作网络中,同区域不同参与主体的风险判断、意愿表达及伙伴选择将会不同(Shrestha et al., 2014)。合作风险受合作问题的性质、区域行动者的构成及制度背景等因素的影响(Deslatte et al., 2017)。同时,盲目跟风、能力差异、体制障碍、上级压力等因素也增加了合作风险(李辉,2014)。因此,行动者将在衡量合作成本和交易风险的基础上,寻求实现最大化收益或最小化成本的有效合作机制(蔡岚,2015)。相关研究指出,当违约风险较小时,地方政府会选择完备信息传递的多边合作;当风险增大时,合作困境也会增大,地方政府更倾向于选择能够提供信任保证的双边互惠合作(Beradro & Scholz, 2010)。

已有关于风险的研究大多是通过网络特征分析合作行为,进而对合作风险进行识别和判断。以网络为主体的研究通过内部结构单元的细分,就行动者基于风险的多边和双边合作进行了对比和权衡(Andrew & Hawkins, 2013)。这些研究成果为区域合作网络的研究提供了理论基础和方法规范,这一领域的学者过去十多年将兴趣集中在府际协议的量化分析中(Carr et al., 2009; Wood, 2006)。府际协议可以作为测度合作行为和合作绩效的有效工具,在公共治理领域成为研究的一个重要工具和内容。在我国,地方政府的合作偏好及意愿是地方政府开展合作、推动区域协同发展的关键因素之一,在合作治理中发挥着发起行为、降低成本、排除障碍和提升效能的作用(卢文超,2018)。而合作意愿和偏好通常会通过政府正式公文、官员讲话、接洽区域合作资金投入等文本及活动体现出来。这些文本、档案和记录是合作行为发生前的意愿表达和行动倾向,可以刻画行动者对合作风险的事前判断和行动倾向(锁利铭,2014)。因此,将合作意愿表达作为事前风险识别的分析对象可以为原有的分析框架提供补充,并能够更为完整的刻画地方政府的合作行为。基于此,本文主要采用政策文本分析方法,研究泛珠三角区域内部各省区合作者的角色差异状态,以及双边行动中合作风险与角色匹配的特征,并挖掘差异背后的影响因素,总结出泛珠三角的地方政府合作的描述性特征,为推动实现区域协调发展提供基础。

二 制度性集体行动与合作风险

制度经济学学者 Coase(1937, 1960)提出了交易成本理论,指出交易风险和交易成本是影响集体行动的重要因素。Williamson(1985)提出资产专用性、交易频率和环境不确定性决定交易成本的大小,从而作用于交易参与者的风险判断和交易决策。Feiock(2013)则在集体行动理论基础之上,形成了新的理论框架——制度性集体行动(Institutional Collective Action, ICA)理论,该理论主要应用于政府间合作,其研究指出:地方政府间合作的风险来自协调风险、利益分配风险和背叛风险。第一种协调风险源于地方政府致力解决复杂的跨域公共问题。这类问题中,参与者之间的行为决策相互影响,同时公共问题涉及的领域也将彼此交叉或重叠,因而需要更为强大的协调机制以促进频繁交流和合作,尽可能减少信息不对称(Andrew & Kenda, 2012)。第二类风险是利益分配风险。当地方政府间合作存在多赢局面时,合作收益的合理分配较难实现。全部参与者都能从合作中受益,参与激励较容易实现,但每个成员的参与成本和预期收益不同,会出现分配风险。因此,在信息不完全时,潜在的参与者将会有隐藏能力和寻求搭便车的可能。这种情况下,合作协调与谈判的成本和风险也将会很大(Steinacker, 2010)。第三类风险是背叛风险。背叛风险有别于前面两类风险,因为参与者之间存在利益冲突。当某一行动者的利己行为决策会给其他行动者带来损失的时候,背叛问题就产生了,这就是囚徒困境。当地方政府面临有限信息,不确定性以及机会主义行为时,背叛风险必定存在(Brown & Potoski, 2005)。囚徒困境的一个解决方案是构建可信承诺,地方政府可以通过多次的重复博弈建立彼此信任基础,从而减低背叛风险。从上述风险的界定来看,地方政府间合作经历合作意愿表达、执行合作行为、再到监督和贯彻合作,最后获得合作收益、并持续拓展等多个阶段,均存在合作风险并可能由于风险导致合作中断或失败。

地方政府间合作领域及不同参与者的角色对风险水平的判断较为重要(Andrew & Kendra, 2012; Feiock, 2007, 2009)。ICA 理论对区域合作中各主体的微观关系和宏观结构进行了多层次研究,尤其分析了“角色—风险”之间的交互关系(Feiock, 2013; Andrew, 2013; Berado & Scholtz, 2010)。对区域角色分工以及由此形成的如“中心—外围”等结构特征的研究是经济领域较为关心的话题(赵勇、魏后凯,2015)。近年来,伴随环境污染、公共卫生、交通等区域公共问题的增多,有关不同领域区域合作的网络主体、结构和关系等议题也受到学者的关注。在单一的合作议题中,如果参与者的合作预期一致,就可以形成一致行动(Feiock et al., 2012),行动者会接受一致的合作标准和分配方案。这种情况下，区域中心成员极为重要，协调的重点就是识别中心角色并由他们完成合作决策，再通过中心成员的弱连接（Weak-tic）关系达到整个网络协调和统一行动的目标（Shrestha, 2012），合作风险也相对较小。在收益分配不确定的领域，中心成员或外界第三方会发挥极大的协调作用，以最小化合作成本和不确定性风险（马捷等，2014）。而存在利益冲突的领域，为避免背叛行为的出现，基于信息对称的紧密互惠型连接会成为网络的主要成分，通过两两之间不断重复的往来合作构建牢固的合作基础（Leroux et al., 2007）。

我国的各大合作区具有固定的地理边界，也就给定了合作规模。在寻求经济发展、共同解决区域外部性问题、提升政绩的同时，固定的地理边界降低了地方政府选择合作伙伴的灵活性，他们可能在协调活动中面临着比私人组织更大的风险。因此，在区域合作中不可忽视地方政府间角色及合作风险。

三　泛珠三角合作的双边角色划分

（一）区域合作中的双边关系

ICA理论提出了分析地方政府合作的基本框架，同时也指出地方政府自主协作网络的多样性，并从合作的规模、议题及类型等角度对府际关系进行细分。其中，协作涉及方的规模，即双边（仅有两个参与成员）与多边结构（3个以上的参与成员）是区域合作研究中的主要议题之一（Andrew & Carr, 2012）。双边合作与多边合作有着不同的动机，参与方在合作网络中的角色和决策也有较大差异。本文基于ICA理论框架，对双边合作中地方政府的风险判定及合作伙伴选择等行动逻辑进行比较分析。

有效的合作网络具备了参与主体的差异化特征，只有彼此异质的节点连接而成的网络才具有真正的结构特征和功能特征。不同参与主体具有禀赋差异、发展差异和地理差异等，不可能形成均衡的网络结构。任何一个区域网络都是双边与多边关系交织而成的复杂关系系统,不同参与主体会基于自身的合作基础和预期收益做出理性决策。当地方政府选择与其他地方政府共同采取行动或承诺时,双边协作与多边协作也随之出现,地方政府之间形成有效的双边或多边协议是一个制度性集体行动问题(锁利铭等,2018)。当一个协议只有两个参与主体时,就形成了一个双边关系。双边关系可以是单向的,也可以是双向互惠的(见图 1)。双边关系的传递和叠加可以构成多边关系,而一个完整的网络结构中既包含双边关系,也包含多边关系。

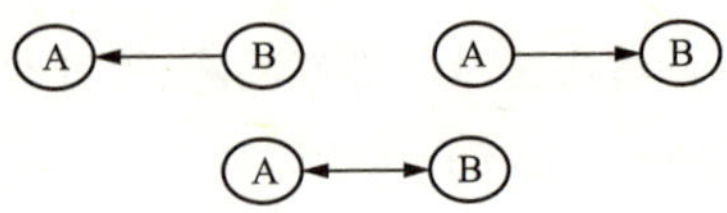

图 1　双边关系

双边协议是最直接的合作方式,双边关系的建立需要通过长期的信任累积以打破囚徒困境。参与者会就具体的合作过程设计、执行以及产出要求进行较为详细的描绘限制。而一旦双边合作关系构建起来,基于互惠和收益最大原则,合作双方会不断加强这种关系,形成紧密的捆绑结构,因此双边关系的协调成本低,执行风险高(锁利铭等,2017)。与之对应,在多边关系中,各主体是通过协调机制实现多个节点的桥连结构,这种关系相对复杂,多边合作需要付出合作伙伴选择、规则建立、网络维系等更高的交易成本。多边合作一经建立,各主体之间能够形成较为密切和稳定的网络关系,区域性组织承担的协调功能程度更高,从而执行风险相对较低(Andrew & Carr, 2012)。

（二）双边合作的角色分类

在网络分析中,中心性是重要的节点结构位置指标,评价一个节点重要与否,衡量其地位优越性或特权性,以及社会声望等常采用这一指标。本文选取度数中心性(degree centrality)测度单个节点在网络中的重要性程度。度数中心度较高的点是处在一系列关系的“核心”位置的点,在与他人“关联紧密”的意义上,该点所对应的行动者也是中心人物,因而拥有极大的权力和资源。

在有向图形中,度数中心性分为点出度(out-degree centrality)与点入度(in-degree centrality)。点出度是一个节点承认对外关系数量的总和,即该点直接发出的关系数;点入度是其他节点承认对某一节点有关系的数量总和,即进入到该点的其他点的个数(刘军,2014)。从这一概念出发,当划分出点入度和点出度的高低水平时,可以得到四种不同的类型组合:高点出度 + 低点入度、高点出度 + 高点入度、低点出度 + 低点入度和低点出度 + 高点入度(见图 2)。

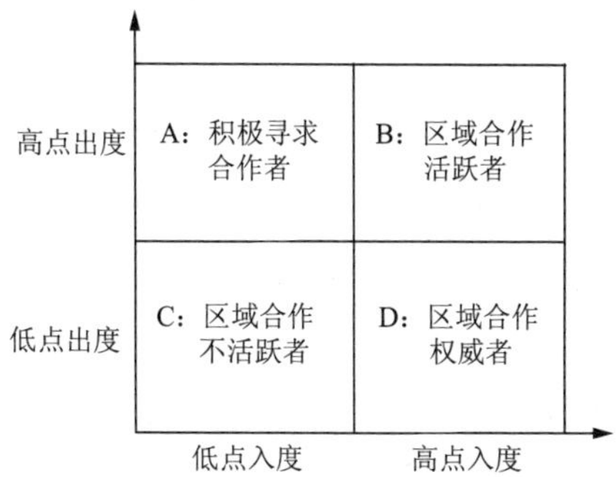

图 2　地方政府的区域角色识别模型图

在点出度和点入度划分的基础上,应用二者的不同组合,判定区域合作中不同行动者的角色定位(见图 2)。类型 A 是“积极寻求合作者”,其对外关系强于对内关系。在区域合作中,这类行动者积极寻求与其他地方政府之间的合作,然而该地区并非其他行动者选择的合作对象。类型 B 是“区域合作活跃者”,表示这类行动者既付出大量努力寻求合作伙伴,同时也是其他合作参与者的合作选择对象,占据了区域合作中比较核心的位置。类型 C 是“区域合作不活跃者”,代表这类行动者在合作中始终处于被动和消极的状态,既不努力寻求合作伙伴,也无法成为其他成员的选择对象。类型 D 是“区域合作权威者”,这类行动者具有特殊的网络的地位,在合作中是其他地方政府渴望合作的对象,但是很少主动联系其他合作者。

（三）泛珠三角合作的角色

泛珠三角合作区是在广东省的倡导下，由福建、江西、湖南、广西、海南、四川、贵州、云南以及香港、澳门共同参与构建的，简称“9 + 2”合作区。泛珠三角合作区经济体量庞大，区域内部合作领域广泛，且各省区政府间在合作中构建了大量合作框架与协议，积累了丰富的合作成果。与此同时，泛珠三角合作区呈现出多元异质特征，这也增加了区域合作的难度。首先是在政治制度方面，泛珠三角合作包括了香港和澳门两个特别行政区，它是在“一国两制”条件下和 CEPA 框架中，三个关税区之间构建的一种合作模式（锁利铭等，2017）。其次，在经济水平层面，合作区内部经济差距较大。从泛珠三角区域 2003—2016 年的人均 GDP 数据来看，澳门人均 GDP 在 11 个地区排列第一，是贵州的 23 倍，而广东是 9 省区的经济第一大省，其人均 GDP 是贵州的 2.94 倍。

本文研究数据来自泛珠三角各省区 2003—2015 年的政府工作报告，提取和统计了泛珠三角各省区政府工作报告中的彼此提及次数和内容进行研究。各省区在政府工作报告中对其他省区的提及反映了其采取合作行为的倾向，也凸显了地方政府在区域合作中的角色特征。从统计数据来看（图 3），各省区彼此提及次数差异较大，广东是提及其他省区最多的参与者，香港和澳门则是被提及次数最多的参与者。报告中的彼此提及数据可以在一定程度上反映地方政府在区域合作的意

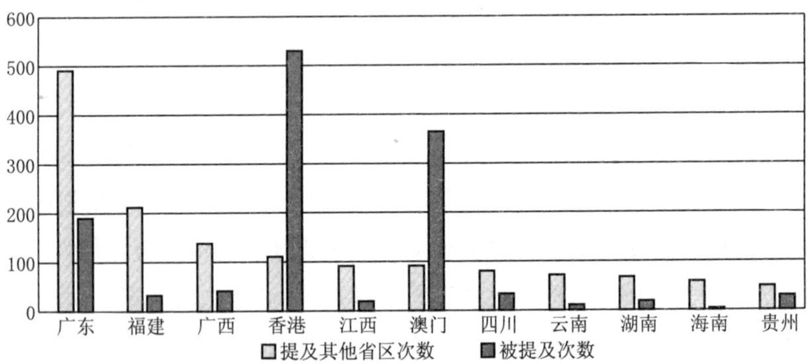

图 3　泛珠三角各省区政府工作报告相互提及次数

愿,也体现出地方政府面对风险的态度,即是否将合作意愿纳入正式的政策中。图3显示,除了香港和澳门,其他所有省区提及其他参与者次数均高于自己被提及的次数,说明总体而言泛珠三角各省区均有强烈意愿融入区域合作。但是,在具体行为上表现出差异,沿海省区无论在提及和被提及上的表现都多于内陆省区,这一点说明地理位置是影响区域合作的重要因素,泛珠三角合作区希望通过广东连接内陆与沿海的合作路径需要经过更多的努力以突破这一障碍。

本文数据收集和处理过程为:首先,从报告文本中提取和统计各省区相互提及对方的次数;其次,用"提及次数"构建矩阵;再次,刻画泛珠区域地方政府合作网络;最后,计算各省区的点入度和点出度(见表1)。因为相互提及是具有明确指向的点对点双边关系,因而该网络是一个有向的双边网络。

表1　泛珠区域合作有向网络数据

省区	点出度	点入度	省区	点出度	点入度
广东	434.000	191.000	四川	65.000	31.000
福建	208.000	33.000	湖南	57.000	17.000
广西	117.000	42.000	云南	51.000	8.000
香港	103.000	531.000	海南	42.000	2.000
江西	81.000	19.000	贵州	33.000	29.000
澳门	73.000	361.000			

根据计算结果,分别选取各省区的点出度与点入度均值为界限,中心度在点出度均值之上的为高点出度,在其之下的为低点出度;点入度的划分采用同样方法。依照均值判断标准,划分出泛珠三角双边合作的角色类型(见图4):点出度高的省区包括广东、福建和广西;点出度低的省区包括香港、江西、澳门、四川、湖南、云南、海南和贵州;点入度高的是香港、澳门和广东,而点入度低的是广西、福建、四川、贵州、江西、湖南、云南和海南。

由图4的角色划分可以看出,广东无疑是"区域合作活跃者",泛珠三角合作区由广东省牵头，连接了港澳和内陆各省，是合作区得以存在和发展的重要节点；香港和澳门由于独有的地理优势和强大的经济实力，在合作中担当“区域合作权威者”，多次被其他省区政府工作报告提及，但是同样由于地理和经济的差异，港澳极少提到其他省区；广西和福建是“积极寻求合作者”，借助沿海优势他们正在努力融入区域合作，希望通过合作平台力求更大的发展；江西、四川、湖南、云南、海南和贵州作为“区域合作不活跃者”，在区域合作中均处于较为边缘的位置，由于经济发展水平和地理因素的限制，内陆五省和海南在泛珠合作中的抗风险能力相对较弱，基于风险的意愿表达不明显，从而报告中提及和被提次数较少。

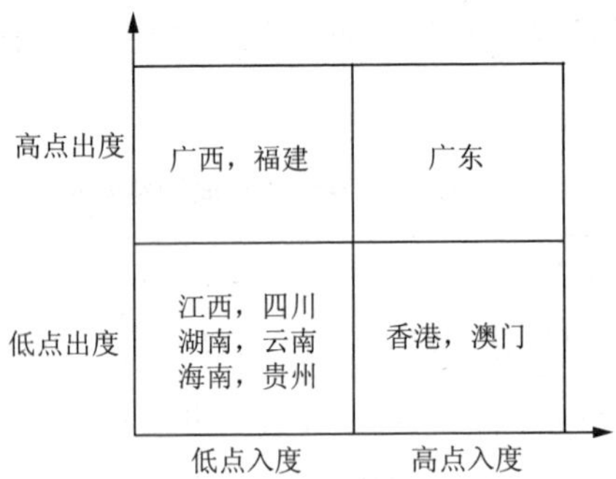

图 4　泛珠三角区域双边合作角色类型

四　基于角色差异的双边合作风险分析

（一）各省区双边关系组合

根据图 4 对行动者角色的识别，我们将不同类型合作者进行两两组合，从合作风险的角度进一步探讨不同类型合作者在合作风险高低组合中的分布。根据前文的分类设定，由于“区域合作活跃者”只有广东，不存在内部合作，因此泛珠区域内的双边关系组合包括(A，A)、(A，B)、(A，C)、(A，D)、(B，C)、(B，D)、(C，C)、(C、D)、(D、D)九种，泛珠三角合作区可划分出 55 种组合类别(见表 2)。其中(A，

A)、(C，C)和(D、D)是同类型角色之间的同质性双边关系，其他合作属于不同类型角色之间的异质性双边关系。

表 2　泛珠区域双边关系组合

组合类型	组数	双边关系组合
(A，A)	1	(广西，福建)
(A，B)	2	(广西，广东)(福建，广东)
(A，C)	12	(广西，江西)(广西，四川)(广西，湖南)(广西，云南)(广西，海南)(广西，贵州)(福建，江西)(福建，四川)(福建，湖南)(福建，云南)(福建，海南)(福建，贵州)
(A，D)	4	(广西，香港)(广西，澳门)(福建，香港)(福建，澳门)
(B，C)	6	(广东，江西)(广东，四川)(广东，湖南)(广东，云南)(广东，海南)(广东，贵州)
(B，D)	2	(广东，香港)(广东，澳门)
(C，C)	15	(江西，四川)(江西，湖南)(江西，云南)(江西，海南)(江西，贵州)(四川，湖南)(四川，云南)(四川，海南)(四川，贵州)(湖南，云南)(湖南，海南)(湖南，贵州)(云南，海南)(云南，贵州)(海南，贵州)
(C，D)	12	(江西，香港)(四川，香港)(湖南，香港)(云南，香港)(海南，香港)(贵州，香港)(江西，澳门)(四川，澳门)(湖南，澳门)(云南，澳门)(海南，澳门)(贵州，澳门)
(D，D)	1	(香港，澳门)

注：阴影部分是指同类行动者之间的同质性合作组合。

(二) 泛珠区域双边关系风险识别

ICA 理论对地方政府间合作风险进行了界定，指出风险是参与者对合作努力不能解决集体问题的可能性的评价(Feiock，2013)。本文中地方工作报告彼此提及的关系能够从一个侧面刻画这种参与主体的评价。地方政府彼此提及次数的差异首先反映出双边合作的协调风险，彼此提及的差异说明双方就合作目标的理解，以及对合作目标实现等的评价存在差异。跨域合作面临较多复杂问题，参与者对未来合作成功的影响因素缺乏了解，一致的合作目标以及合作活动中双方责任的明确需要频繁的沟通和交流以促进信息完全和信息对称（Carr & Hawkins，2013）。如果彼此提及差异较大说明双方合作意愿差异较大，进而无法进行良好的协商。其次，彼此提及次数的差异能够表达出合作双方对未来收益的预期差异，从而刻画利益分配风险。当地方政府在彼此间合作收益分配中面临困难时，利益分配风险就产生（Steinacker，2010）。跨域合作中参与者彼此差异较大，影响利益分配的谈判过程的因素也较为复杂，包括经济水平的差异、政策偏好以及社会人口特征等等（Carr & Hawkins，2013）。政府工作报告中彼此提及次数体现了各地方政府对这种收益分配困难的估计，因而可以刻画利益分配风险。最后，双边合作类似于囚徒困境，任何一方均存在机会主义的可能，风险随着合作者机会主义行为和违背协议的可能性的增加而增加（Feiock，2013）。与此同时，合作投入无法收回以应用到其他公共服务，也会增加背叛风险（Carr & Hawkins，2013）。对这些风险可能性的判断将以参与者的合作意愿表达出来，因而彼此提及次数的差异可以刻画背叛风险。在合作双方无法构建可置信承诺时，彼此提及次数差异也体现出双方承担风险的能力。

表 3　泛珠三角区域双边关系的风险判断

高风险双边关系	(江西、福建)(香港、福建)(香港、江西)(香港、湖南)(香港、广东)(香港、广西)(香港、海南)(香港、四川)(香港、云南)(澳门、福建)(澳门、湖南)(澳门、广东)(澳门、广西)(澳门、四川)(澳门、云南)
低风险双边关系	(湖南、福建)(湖南、江西)(广东、福建)(广东、江西)(广东、湖南)(广西、福建)(广西、江西)(广西、湖南)(广西、广东)(海南、福建)(海南、江西)(海南、湖南)(海南、广东)(海南、广西)(四川、福建)(四川、江西)(四川、湖南)(四川、广东)(四川、广西)(四川、海南)(贵州、福建)(贵州、江西)(贵州、湖南)(贵州、广东)(贵州、广西)(贵州、海南)(贵州、四川)(云南、福建)(云南、江西)(云南、湖南)(云南、广东)(云南、广西)(云南、海南)(云南、四川)(云南、贵州)(香港、贵州)(澳门、江西)(澳门、海南)(澳门、贵州)(澳门、香港)

综上所述，政府工作报告中彼此提及次数差异可以在一定程度上刻画合作中的三种风险，因此本文选取泛珠三角区域各省区2003—2015年的政府工作报告为基础文本数据，建立每一组双边关系的“合作风险”判定式：

$$R = | T_{ij} - T_{ji} | - \overline{T} \tag{1}$$

$$\overline{T} = \frac{T_{ij} + T_{ji}}{2} \tag{2}$$

式中，R 代表每两个省区之间的合作风险，T_{ij} 代表 i 省提到 j 省的次数，T_{ji} 是第 j 省提到第 i 省的次数。由于可能存在两者提次数差的绝对值相等，但是彼此提及次数均较大，或者彼此提及次数均较小的情况，例如 $T_{ij}=16$ 且 $T_{ji}=10$ 与 $T_{ij}=6$ 且 $T_{ji}=0$ 两组关系中绝对值的差相等(等于6)，但是所表达的合作风险意义不同，因此加入 $\overline{T}$ 以体现两种关系的不同，$\overline{T}$ 为 i 省和 j 省这一对合作者之间彼此提及的次数均值。R 大于0说明 i 省与 j 省之间相互合作的风险偏高，降低了合作实现的可能性；相反，如果 R 小于0，这说明 i 省和 j 省这对合作者之间风险较低，达成合作的可能性大。通过计算 R 得出泛珠三角各省区双边关系的风险判断(见表3)。

(三) 双边合作的风险

将风险判定的结果与上述对各省区在区域合作中的角色划分相结合，可以对泛珠各省区角色与两种风险关系进行匹配(见表4)，从而揭示泛珠三角合作区不同省区的行为特征。

表4　泛珠三角不同类型合作者的合作风险高低分布情况

合作类型组合		组合总量(占比)	高风险合作组合数(占比)	低风险合作组合数(占比)
同质性合作	(A, A)	1	0	1(100%)
	(C, C)	15	0	15(100%)
	(D, D)	1	0	1(100%)
小　计		17	0	17(100%)

（续表）

合作类型组合		组合总量（占比）	高风险合作组合数（占比）	低风险合作组合数（占比）
异质性合作	（A，B）	2	0	2(100%)
	（A，C）	12	1(8%)	11(92%)
	（A，D）	4	4(100%)	0
	（B，C）	6	0	6(100%)
	（B，D）	2	2(100%)	0
	（C，D）	12	8(67%)	4(33%)
小　计		38	15(40%)	23(60%)

总体而言，泛珠三角合作区中异质性合作数量高于同质性合作，低风险合作数量高于高风险合作，这说明合作是优势互补的选择结果。同质性合作包含“积极寻求合作者”、“区域合作不活跃者”以及“区域合作权威者”三类角色的内部合作。“区域合作权威者”是香港和澳门，他们之间地位对等，信任关系稳固，合作风险较低，容易实现可持续的合作关系。但是相较于整个泛珠合作区而言，香港与澳门之间的合作并不活跃，提及次数低于其他内陆各省之间的合作。广西和福建是“积极寻求合作者”，内部合作风险较低，但是彼此并没有提及对方，存在较大的内部合作潜力。“区域合作不活跃者”是同质低风险合作中最具代表性的，他们的点出度和点入度均不高，说明行动较为谨慎，只有当获取足够信息时才会表达合作意愿，构建低风险的双边合作关系。

异质性双边关系是泛珠区域合作的主要内容，这当中既有高风险合作也有低风险合作。合作风险偏低的组合有“积极寻求合作者”与“区域合作活跃者”，两者之间的意愿几乎一致，降低了合作风险，地方政府更倾向于积极寻求合作，也反映了双方建立合作关系的现实需求；“积极寻求合作者”与“区域合作不活跃者”及“区域合作活跃者”与“区域合作不活跃者”也是两组风险相对低的组合，这两种关系类型中，两个省区之间合作意愿差距巨大，但由于一方的积极争取与主动对接，两地建立双边合作的可能性仍然较高。异质性合作中风险偏高的合作关系均是“区域合作权威者”与其他角色类别的组合，其原因是香港和澳门与内地之间合作依然存在许多限制和障碍，信息沟通、物流交通及要素流动等交易成本较高，从而导致风险较高。在未来的合作中，如何进一步降低交易成本，畅通港澳与内地之间的合作发展，加大互惠共赢仍然是泛珠区域合作的努力方向，大湾区的建设正是在这一点上做出的努力。

从不同角色自身的选择而言，“积极寻求合作者”包含广西与福建两省，他们与香港和澳门的合作属于合作风险比较高的组合。广西和福建与香港和澳门相比，经济水平相差甚远，均表现出与港澳合作的强烈意愿，广西注重与香港的经贸合作，福建则多次提及加强与香港、澳门在物流、金融方面的合作。但是广西和福建提及港澳的次数远高于港澳提及广西和福建次数。相对而言，广西和福建与泛珠其他省区的合作风险较低，一方面经济差距较大的省区形成经济贸易领域的合作。比如广东重点提及加强与广西的经贸活动及其对口帮扶，两广的合作关系主要为帮扶型（龚维进等，2016）。另一方面，经济水平相当的省区，如广西与贵州保持着紧密的平等合作关系。

广东是泛珠三角合作区的“区域合作活跃者”。地理位置决定了广东是与港澳联系最为紧密的省份，合作领域也非常广泛。但是合作表现依然是广东提及港澳的次数大于港澳提及广东的次数，广东希望借助港澳连接世界，也希望承担内陆与港澳合作的桥梁，因而表现出积极的合作态度。香港和澳门则相对被动，处于接受但不给予的状态。与此同时，广东与其他各省的合作风险较低，从合作内容来看，广东作为泛珠三角合作区的牵头者，积极协调区域内部关系，与内陆的合作状态较为稳定，但多为帮扶型合作。

大多数省份都属于“区域合作不活跃者”，从分析结果看出一方面较为边缘的省区渴望与经济发达的港澳合作；另一方面正是由于这些省份的嵌入程度较低，相互提及的次数都比较少，合作风险也较低。

最后，作为“区域合作权威者”的香港和澳门是泛珠三角合作区中的特别行政区，也正是这二者的加入，给泛珠合作赋予了特殊的意义。但是这一类型的角色与其他省份的合作非常艰难，风险较高。少数省份与港澳之间建立了低风险合作，例如澳门与江西、香港与贵州之间的合作。合作双方都是“低点出”的省区，合作是基于经济帮扶或资源吸引等因素。

五 研究结论与展望

（一）研究结论

地方政府如何突破集体行动困境，形成互利共赢的合作网络，促进区域可持续协调发展，是当前的重要研究议题。本文提取 2003—2015 年泛珠三角区域政府工作报告中省区间相互提及的双边有向数据，建立区域合作角色定位模型，并构建风险判定系数，对泛珠三角区域合作的微观行为进行描述性分析，得出以下几点结论。

第一，通过计算双边有向网络的点入度和点出度，对各省区进行类别划分，将泛珠三角 11 个省区划分为四种角色类型：“积极寻求合作者”、“区域合作活跃者”、“区域合作不活跃者”以及“区域合作权威者”。每种类型因其地理位置、经济发展水平以及体制差异在区域合作中表现出不同的行为特征。

第二，区域合作中异质性合作多于同质性合作，高风险合作多于低风险合作，同时同质性高的合作者间合作风险较低。泛珠三角合作区中，“区域合作权威者”（香港和澳门）处于较为特殊的位置，大多数省区与他们的合作风险都较高，虽然被定义为合作的权威者，但参与的程度偏低，给泛珠合作区整体协作带来一定的阻碍。其次，经济水平的差异，主要形成两种类型的合作，一种是经济水平差异较大的帮扶型合作，主要是广东与内陆省区；另一种是经济水平相当的对等型合作，主要是经济水平较低之间，以及经济水平较高之间的相互合作。同时，反映出“区域合作活跃者”和“区域合作权威者”通常属于经济水平较高的省区，尤其是被提及次数最多的香港和澳门；"积极寻求合作者"与"区域合作不活跃者"通常属于经济水平较低的省区。

第三，泛珠三角合作区经历了十多年的发展，积累了丰富的合作经验，彼此之间也在不断累积信任和共赢的基础，但是香港和澳门与内陆的合作依然是泛珠区域合作的难点，香港澳门与内地省区之间风险判定差异较大，连接港澳和内地的合作存在较高风险。在粤港澳大湾区建设的背景下，泛珠区域如何创新制度保障，实现集体行动，无论在理论上，还是在实践中都能为我国区域合作做出重要的贡献。

（二）研究展望

第一，论文中政府工作报告数据仅仅揭示了彼此提及关系，并没有就具体领域的提及，以及合作是否实现等问题进行展示。未来的研究将继续关注区域之间合作的不同情景，并对具体领域不同参与者进行角色研究，比如环境保护领域、公共服务领域、科技创新领域、社会治理领域等。

第二，本文建立了风险判定系数对合作风险进行判断和识别，这是一个创新性的探索。但是这一判定系数相对粗略，只能进行简单的对比分析，无法对风险值进行细化研究。将来的研究将更关注风险衡量系数的科学设计，并将合作意愿与合作风险组合分析，深入探索地方政府合作的内在逻辑。

参考文献

蔡岚：《解决区域合作困境的制度集体行动框架研究》，《求索》2015 年第 8 期，第 65—69 页。

龚维进、覃成林、徐春华、慎彭真：《空间异质、空间依赖与泛珠三角的新区划——基于最大 P 区域问题的区划方法》，《经济问题探索》2016 年第 6 期，第 49—56 页。

李辉：《区域一体化中地方政府间合作的预期与挑战——以协同理论为分析框架》，《社会科学辑刊》2014 年第 1 期，第 107—110 页。

刘军主编：《整体网分析：UCINET 软件使用指南》，社会科学文献出版社

2014 年版。

卢文超:《区域协同发展下地方政府的有效合作意愿——以京津冀协同发展为例》,《甘肃社会科学》2018 年第 2 期,第 201—208 页。

马捷、锁利铭、陈斌:《从合作区到区域合作网络:结构、路径与演进:来自"9 + 2"合作区 191 项府际协议的网络分析》,《中国软科学》2014 年第 12 期,第 79—92 页。

锁利铭、阚艳秋、涂易梅:《从"府际合作"走向"制度性集体行动":协作性区域治理的研究述评》,《公共管理与政策评论》2018 年第 5 期,第 83—96 页。

锁利铭、马捷、陈斌:《区域环境治理中的双边合作与多边协调——基于 2003—2015 年泛珠三角协议的分析》,《复旦公共行政评论》2017 年第 1 期,第 149—172 页。

锁利铭、张朱峰:《科技创新、府际协议与合作区地方政府间合作——基于成都平原经济区的案例研究》,《上海交通大学学报》(哲学社会科学版)2016 年第 4 期,第 61—71 页。

锁利铭:《地方政府区域治理边界与合作协调机制》,《社会科学研究》2014 年第 4 期,第 47—53 页。

赵勇、魏后凯:《政府干预、城市群空间功能分工与地区差距——兼论中国区域政策的有效性》,《管理世界》2015 年第 8 期,第 14—29 页。

Andrew, S.A. & Carr, J.B. (2012). "Mitigating Uncertainty and Risk in Planning for Regional Preparedness: The Role of Bonding and Bridging Relationships," *Urban Studies*, 50(50):709—724.

Andrew, S.A. & Hawkins, C.V. (2013). "Regional Cooperation and Multilateral Agreements in the Provision of Public Safety," *The American Review of Public Administration*, 43(4):460—475.

Andrew, S.A. & Kendra J.M. (2012). "An Adaptive Governance Approach to Providing Disaster Behavioral Services," *Disasters: The Journal of Disaster Studie*, 36(3):514—532.

Andrew, S.A.(2009). "Recent Developments in the Study of Interjurisdictional Agreements: An Overview and Assessment," *State & Local Government Review*, 41(2):133—142.

Berardo, R. & Scholz, J.T. (2010). "Self-Organizing Policy Networks: Risk, Partner Selection and Cooperation in Estuaries," *American Journal of Political Science*, 54(3):632—649.

Brown, T.L. & Potoski, M. (2005). "Transaction Costs and Contracting: The Practitioner Perspective," *Public Performance & Management Review*, 28(3):326—351.

Carr, J.B., Leroux, K. & Shrestha, M. (2009). "Institutional ties, transaction costs, and external service production," *Urban Affairs Review*, 44(3): 403—427.

Carr, J.B., & Hawkins, C.V. (2013). "The costs of cooperation: What the research tells us about managing the risks of service collaborations in the U.S.," *State and Local Government Review*, 45:224—239.

Coase, R.H. (1937). "The Nature of the Firm," *Economic*, 4(16): 386—405.

Coase, R.H. (1960). "The Problem of Social Cost," *Palgrave Macmillan UK*, 56(4):1—44.

Deslatte, A., Feiock, R.C. & Wassel, K. (2017). "Urban Pressures and Innovations: Sustainability Commitment in the Face of Fragmentation and Inequality," *Review of Policy Research*, 34(4):700—724.

Feiock, R., Lee, I.W. & Park, H.J. (2012). "Administrators and Elected Officials' Collaboration Networks: Selecting Partners to Reduce Risk in Economic Development," *Public Administration Review* 72(s1):58—68.

Feiock, R.C. (2013). "The Institutional Collective Action Framework," *The Policy Studies Journal*, 41(3):397—425.

Feiock, R.C., Steinacker A. & Park H.J. (2009). "Institutional Collective Action and Economic Development Joint Ventures," *Public Administration Review*, 69 (2):256—270.

Feiock, R.C. & Scholz, J.T. (2010). *Self-organizing Federalism: Collaborative Mechanisms to Mitigate Institutional Collective Action Dilemmas*. New York:Cambridge University Press.

Feiock, R.C. (2007). "Rational Choice and Regional Governance," *Journal of Urban Affairs*, 29(1):47—63.

Leroux, K. & Carr, J.B. (2007). "Explaining Local Government Cooperation on Public Works: Evidence from Michigan," *Public Works Management and Policy*, 12(1):344—358.

Shrestha, M. K. (2013). "Self-Organizing Network Capital and the Success of Collaborative Public Programs," *Journal of Public Administration Research and Theory*, 23(2):307—329.

Shrestha, M.K., Berardo, R. & Feiock, R.C. (2014). "Solving Institutional Collective Action Problems in Multiplex Networks," *Complexity, Governance, and Networks*, 1(1):49—60.

Steinacker, A. (2010). *The Institutional Collective Action Perspective on Self-Organizing Federalism: Market Failures and Transaction Cost Problem*. New York: Cambridge University Press.

Williamson, O. (1985). *The economic institutions of Capitalism*. New York: The Free Press.

Wood, C. (2006). "Scope and patterns of metropolitan governance in urban America: Probing the complexities in the Kansas City Region," *American Review of Public Administration*, 36(3):337—353.

博弈论在公共行政研究中的应用*

吴澄秋**

［内容提要］ 博弈论是一种在考虑两个或两个以上行为者的行动相互依赖的情况下求解各行为者的均衡策略的数学工具，是理性选择理论的重要研究方法。本研究简要介绍理性选择理论这一社会科学研究路向和博弈论这一研究工具的发展历程，然后回顾博弈论在西方和中国公共行政研究中的应用，进而探讨博弈论作为一种社会科学研究方法的有效性，并给出博弈论应用于中国公共行政研究的五个潜在发展方向。

［关键词］ 博弈论；理性选择理论；公共行政；公共政策

[**Abstract**] Game theory is a mathematical tool that solves for equilibrium strategies for players by taking into consideration the interdependence between their actions. It is a major research method by rational choice theory. This review briefly introduces the development of rational choice theory as a research approach in social sciences and that of game theory as a research method, and surveys the application of game theory to public administration research in English and Chinese literature. Furthermore, it discusses the validity of game theory as a social scientific research method and points out five thematic areas of applying game theory to China's public administration research.

[**Key Words**] Game Theory; Rational Choice Theory; Public Administration; Public Policy

* 本文得到上海浦江计划的资助。

** 吴澄秋，复旦大学国际关系与公共事务学院副教授。

博弈论是一种在考虑两个或两个以上行为者的行动相互依赖的情况下求解各行为者的均衡策略的数学工具，它在经济学、政治学、社会学等社会科学中被广泛应用。作为一个综合性的学科，公共行政自然也是博弈论应用的重要领域。本文将对博弈论在西方和中国的公共行政研究中的应用作简要的回顾，并就这样的应用的有效性与前景作初步的评析。国内的政治学与公共行政学者中，周强(2014 年)曾对理性选择理论(rational choice theory)的研究路向作过讨论，本文与之不同，专门关注理性选择理论常用的研究工具之一——博弈论——在公共行政研究中的应用。本文的结构如下。第一部分先介绍理性选择理论这一社会科学研究路向以及博弈论在该研究路向中的地位与发展历程，第二部分回顾博弈论在西方公共行政研究中的应用，第三部分回顾博弈论在中国公共行政研究中的应用，第四部分探讨博弈论作为一种社会科学研究方法的有效性并给出其应用于中国公共行政研究的五个潜在发展方向。

一　博弈论：理性选择理论的重要工具

(一) 理性选择理论

博弈论在公共行政研究中的应用归根到底是作为理性选择理论(或称实证政治理论)的一个重要工具而存在的。而理性选择理论是经济学在其他社会科学领域扩张的结果。它基于“经济人”的假定，即假定每个行为者都是理性的和自利的。有政治学者把理性的假设定义为包含三个要素，即有目的的行动、一致的偏好和效用最大化，其中有目的的行动表示社会现象是行为者目标导向的行动的结果，一致的偏好是指行为者的偏好可以排序且符合传递性和完备性等要求，而效用最大化则是指行为者选择能带来最大期望效用的行为(MacDonald, 2003:552)。

20 世纪 40 年代末至 60 年代中是理性选择理论在政治学、社会学等领域兴起的时期。邓肯·布拉克(Duncan Black)对选举规则的研究(1948a；1948b；1958)，詹姆士·布坎南(James Buchanan)对个体的市场行为与投票行为的比较以及对宪政决策的研究(Buchanan，1954；Buchanan and Tullock，1962)，安东尼·唐斯(Anthony Downs)的《民主的经济理论》(1957)，威廉·赖克(William H.Riker)的《政治联盟理论》(1962)以及曼瑟尔·奥尔森(Mancur Olson)的《集体行动的逻辑》(1965)等都是该研究路向的开山之作。在赖克的带领下，罗切斯特大学政治学系的学者在选举的空间模型、议程设置、结构引致的均衡等多方面贡献了许多重要成果，被称为"罗切斯特学派"(Amadae & Bueno de Mesquita，1999)。

作为经济学方法向政治学领域扩散的体现，理性选择理论这一研究路向的一般思路是这样的。首先，用若干假定来描述要研究的社会现象，这些假定通常包括关于该社会现象中典型的行动主体或多个行动主体的特征的描述，还可以包括行动主体决策的结构性特点以及多个行动主体之间互动的顺序、流程、信息结构等。由于理性选择理论的重点在于通过理论构建和逻辑推理来展示某种社会现象的因果机理，因此这些假定不是对该社会现象中行动主体的特征的全面描述，而是高度抽象的描述，也就是说，它专注于行动主体的某个或某些对该社会现象的形成具有重要影响的特征而忽略了其他许多特征。然后，从上述假定条件出发进行推导，得到均衡的结果，并且把这样的均衡结果看作是规律性政治现象的常态。最后，把均衡结果与要分析的政治与社会现象进行对照并对后者进行解释，该均衡结果可能揭示该种政治与社会现象的前因后果之间的内在联系，也可能代表该种现象的发展趋势。由于理性选择理论特别适用于理论构建和逻辑推理，而数学符号能简明表述那些描述现实的假定并缜密地实施推导，因此理性选择理论的主要研究工具是数理模型，理性选择理论的研究方法又称为形式建模(formal modeling)，或称形式理论(formal theory)。形式建模已经成为政治学的主要研究方法之一。有学者通过对美国的政治学界 7 本顶尖期刊从 70 年代至 2000 年所刊登的学术论文的研究方法进行整理，发现运用形式建模的研究方法的论文的比重在 1975 年为 18%，1985 年为 34%，至 1995 年为 24%，到 1998 年至 2000 年则为 22%左右(Bennett, Barth & Rutherford, 2003:374—375)。

与基础的微观经济学理论主要分析单一消费者或厂商面对不同的价格信号而作出消费与生产的决策不同，理性选择理论所分析的是政治与社会现象，其决策主体要么是群体性的，要么是多主体的。因此，理性选择理论内部存在两个分支，一个分支是社会选择理论(social choice theory)，它研究集体决策过程与程序，即根据具体的政治现象按一定的规则把个人偏好直接汇总为集体偏好，并将其最大化而得到最优选择；另一个分支是博弈论，专门分析类似于经济学上的寡头竞争的情形，即在一个具有特定结构的博弈里，各个个体不再是被动的参与者，而是作出自己的行为决策，然后这些个体的决策一起决定集体选择的结果(Austen-Smith & Banks, 1998:260—262)。虽然这两个分支在研究方法上都统称为形式建模，但前一个分支主要使用的工具是传统的经济学数理方法如集合论和最优化技术等，而后者则主要使用博弈论。在日常语言中，很多人使用“博弈”一词来表示各方表明自己利益、相互展开谈判与交易的过程。与之不同的是，博弈论中的“博弈”专指一种互动性的决策过程，在该过程中，各方在考虑到其他人对自己决策的反应的情况下追求收益或期望收益的最大化。此外，有学者常使用“公共选择理论”(public choice theory)一词，它是一个用经济学理论来理解政治行为和公共政策的研究领域，其含义与“理性选择理论”非常接近，只不过“公共选择理论”一词的使用者以经济学家为主，并且其学术脉络一般可以追溯到布坎南与图洛克等人的研究与学术组织工作，而“理性选择理论”一词的使用者则以经济学之外的社会科学研究者为主。

(二) 博弈论的发展历程

冯诺伊曼与摩根斯顿(von Neumann & Morgenstern, 1944)的《博弈论与经济行为》(*The Theory of Games and Economic Behavior*)被公认为是博弈论的开端。在此之前，库诺特(Augustine Cournot)于 1838

年对双寡头竞争的研究、埃奇沃思(Francis Ysidro Edgeworth)于1881年对于双消费者双商品交易的研究、博雷尔(Emile Borel)于1921年对混合策略博弈的最小最大解的研究以及冯诺伊曼于1928年发表的有关博弈论的论文,都为博弈论的诞生奠定了基础。①在《博弈论与经济行为》一书出版后,约翰·纳什(John Nash)于50年代初发展出非合作博弈理论,证明了非合作博弈的策略均衡的存在性,并对合作博弈论和谈判理论作出开创性的贡献。1954年,沙普利与舒比克(Shapley and Shubik, 1954)开创性地把博弈论用于政治学,分析委员会制度中的权力分配,探讨权力指数。此外,在博弈论应用于政治与公共事务方面,托马斯·谢林(Thomas Schelling)是一位先驱,在其著作《冲突的策略》(Schelling, 1960)中,他开创性地把博弈论应用于对谈判、战争、战略制衡与威慑等议题的研究,对冷战时期的美苏关系有重要的政策启示。除了应用范围在扩大,博弈论本身在理论上也不断发展,取得一系列里程碑式的突破。1965年,塞尔滕(Selten, 1965)对纳什均衡的概念进一步提炼,提出了精炼纳什均衡(perfect Nash equilibrium)的概念。次年,奥曼和马施勒(Aumann & Maschler, 1966)提出无限重复的非完全信息博弈,豪尔沙尼(Harsanyi, 1966)则对合作博弈与非合作博弈作区分,合作博弈里的承诺是有约束力的和可执行的,非合作博弈里的承诺不是可执行的。在随后的数年里,豪尔沙尼的一系列研究对不完全信息博弈作出了突破性的贡献。1975年,塞尔滕(Selten, 1975)提出"颤抖手精炼均衡"(trembling-hand perfect equilibrium)的概念。1982年,克雷普斯与威尔逊(Kreps & Wilson, 1982)把子博弈精炼均衡(subgame perfect equilibrium)的概念推广到以带有不完美信息的信息集开头的扩展式子博弈,提出序贯均衡(sequential equilibrium)的概念。90年代,以博弈论为代表的理性选择理论受到不少的批评,其中最有影响的批评来自格林与夏皮罗(Green & Shapiro, 1994:2—3)的

---

① 要了解博弈论发展的简要历史,可参见 Walker(2012),也可参见 McCain(2009)的第3章。

《理性选择理论的病理学》一书，该书特别批评理性选择理论过度重视模型建构而忽视经验研究。作为回应，20世纪90年代以来，理性选择理论的研究比以前更注重对其理论研究的实证支持，一些学者如斯兰切夫（Branislav L.Slantchev）等在做理论研究时更加注重运用统计方法来进行实证检验。

作为一种分析工具，博弈论的运用主要是通过聚焦于纳什均衡来实现的。它一般先根据分析对象的具体情况而假定参与者的数量、每个参与者的偏好和利益结构、参与者采取行动的先后顺序以及信息完备程度等。从这些假定条件出发，建模者求取博弈论模型的均衡，而该均衡所代表的状态是参与者们在符合自身偏好与利益结构、满足该模型所规定的信息条件和决策顺序的情况下根据理性自利原则做选择而形成的结果。博弈论中的纳什均衡概念指的是这样一种状态：如果一方不改变其策略，其他方也不会改变其策略。因此，它大体上代表着参与者们相互进行策略互动而形成的相对稳定的结果。透过模型的构建、均衡的求取与解读，我们可以更好地理解制度的形成、国际冲突的演变方向与结局、公共政策的结果等等。

二　博弈论在西方公共行政研究中的应用

虽然理性选择理论是公共行政研究的一种重要路向，但由于公共行政相对而言是应用性比较强的学科，而博弈论是以理论建构见长的研究工具，因此博弈论在西方公共行政研究中的应用在时间上要晚于其在政治学中的应用，在程度上也浅于其在政治学中的应用。然而，这两个学科之间毕竟存在密切联系，在政治学实证理论中早已存在大量涉及官僚体制的内容，它们为公共行政实证理论的构建打下扎实基础。为操作的方便，我们把对博弈论在西方公共行政领域的应用的回顾局限在“科学网—社会科学引文索引”（Web of Science-Social Science Citation Index, SSCI）所收录的公共行政类别的期刊中运用了博弈论研究方法的相关研究，而对政治学类期刊中的相关研究成果不予考虑。我们搜索公共行政类期刊中主题词或摘要中出现“博弈论”(game theory, game-theoretic 或 game-theoretical)的论文，再剔除其中与公共行政关系不大的论文，增加部分被遗漏的论文，因而这样的回顾肯定是不完全的。

有意思的是，尽管公共行政领域并非博弈论应用最广泛和最有效的领域，全才型的行政管理学家赫伯特·西蒙(Herbert A. Simon)却是最早提倡博弈论可以成为研究社会问题的重要工具的学者之一。在冯诺伊曼的《博弈论与经济行为》一书出版的翌年，西蒙便发表了对该书的书评。西蒙在文中认为，博弈论的分析模式“无疑”会对社会学和政治学等领域“作出最根本意义上的贡献”，并且会是一个合理的行政组织理论的起点(Simon, 1945:558, 560)。大体上，博弈论在西方公共行政中的应用主要包括两方面，一方面是应用于理论的构建，另一方面是应用于对公共政策个案的分析。

（一）公共行政理论方面

20 世纪 80 年代中期起，委托—代理理论逐渐被引入公共行政研究，官僚组织被看作一系列委托代理关系的网络，而其中最重要的两个理论成果是官僚结果理论(theories of bureaucratic outcomes)和制度选择理论(theories of institutional choice)(Kettl, 2000:14, 19—20)。正如凯特尔(Kettl, 2000)所总结的，官僚结果理论把选举产生的官员看作委托人，把官僚体系看作代理人，研究前者对后者的激励与改变(Wood & Waterman, 1991)；而制度选择理论研究官僚、民选官员、利益团体之间的互动，并且引入信息不对称、有限理性等重要理论假设(Bendor & Moe, 1985; Bendor, 1988; Knott & Miller, 1987; Moe, 1989; Moe, 1994)。这些有关官僚体制的政治基础的理性选择研究大多发表于政治学和经济学的期刊中，博弈论是其重要的研究工具之一。世纪之交以来，运用博弈论来推进公共行政理论研究的论文开始大量出现在公共行政期刊中。下面我们列举几方面的理论研究。

第一，博弈论被用于对公共行政中的社会议题的分析。例如，多斯纳(Dorsner，2004)把社会排斥(social exclusion)的概念和博弈论结合起来，探讨社区参与背后的机制，揭示不同的排斥与包容的模式，并借助塞内加尔的例子对这些模式进行解读。她用博弈论表明，在一个“好”的发展项目中，被包容可以获得好处，而在“坏”的发展项目中，被排斥反而获得好处。该研究使人们对社区参与的机制和社会效应有了更加精细的认识。

第二，博弈论也会被运用到对政府内部各主体之间的关系的分析。例如，卡姆(Kam，2002)用博弈论模型来探讨议会制度中部长个人负责制(即部长要对其领导下的官僚所犯错误向议会负责)是否有利于提升议会制度的政治问责(political accountability)。他分别考察部长责任与官僚分开的情况下和部长负责制情况下的模型，发现部长个人负责制让政客有动力去监督官僚和纠正错误，不能简单地看作不合理。伯特利与费尔德曼(Bertelli & Feldmann，2007)以一个四阶段动态博弈模型来表示在总统任命行政官员的决策中存在的总统、国会、行政人员、利益团体之间的关系，从而构建一个关于总统对行政官员任命的制度性空间理论：总统会任命一些与自己的偏好有出入，但能在与利益团体的谈判中抵消他们影响的行政人员，这是一个理性的均衡策略。托农(Tonon，2008)探究了官僚体制如何才能可信地把信息和政策分析传递给国会。他构建了两个博弈论模型，一个完全且完美信息博弈，不存在有成本的信号，其均衡结果是即便官僚体制会传递重要信息给国会，国会也会忽视它；而另一个模型是非完全信息博弈，存在有成本的信号传递，其均衡结果是那些能可信地承诺会不顾总统的政治目标和自身政治前途而总与国会分享重要信息和最好建议的官僚能有效地把信息和政策分析传递给国会。该文论证了在西方社会官僚体制的专业化和立场中立对于提升善治的重要性。此外，拉弗图与莫伊尼汉(Lavertu & Moynihan，2013)建立了一个关于政策执行的博弈论模型，该模型是一个完全且完美信息动态模型，其参与者是领导和员工，探究的是领导对于改革的决心如何影响员工采用绩效信息的决定。这类研究拥有深厚的政治学研究基础，通常在模型建构的理论性与现实意义方面做到很好的平衡，是质量较高的研究。

第三，博弈论也会被用于对政府与相关的经济主体、社会主体之间关系的分析。例如，谢弗与肖格伦（Shaffer & Shogren，2008）对无限重复的赛局的均衡结果进行探讨，发现在重复的赛局下参赛者更容易成为伙伴而不是对手，但是奖励价值的变化、参与者的数量、参赛者之间的能力不均有可能会拆散这种伙伴关系。他们把这样的模型探讨用于对政府在规制与治理中如何发挥角色的讨论。金与厄佩莱嫩（Kim & Urpelainen，2013）用一个动态博弈来探讨技术倡导团体如何有效推动技术的采用，通过比较有无政治游说的条件下的均衡结果，该研究表明，政治游说能增加政府对新技术进行补贴的动力，有利于技术的扩散，因此倡导团体应同时运用政治游说和对终端使用者的动员两种策略。布朗等人（Brown et al.，2010）探究了当政府与产品或服务供应方之间订立合同的标的是“复杂商品”时（也就是当双方都对要交易的商品存在不确定性时）的合同订立过程。他们用一个策略式博弈模型来说明这一过程会是一个囚徒困境，并用一个扩展式博弈来表示在给“复杂商品”订合同的情况下政府与供应方之间很难实现合作的结果。拉普恩特与尼斯托茨卡亚（Lapuente & Nistotskaya，2009）研究为什么执政者要采纳考绩制度（merit system）而不是在胜利后为所欲为。他们用一个重复的完全信息动态博弈模型来表示经济人与执政者之间的信任关系，并且得出结论，执政者的未来折扣率越低，越有可能采纳考绩制度。约翰斯顿等（Johnston et al.，2011）还探讨合作治理过程中公共部门如何管理对利益相关方的引入的问题，因为在引入利益相关方和构建共同承诺之间存在一定的替代关系，需要妥善处理。为此，他们用“锁链建造博弈”（chain-building game）或者说“最小努力博弈”（minimum-effort game）来表示在合作治理过程中缺少任何一方的合作都无法取得好的治理效果的特征，并且扩充模型以模拟合作治理案例中的情形，进而探讨怎样的引入利益相关方的方法是有效的。

第四，博弈论还会用于分析各国之间在公共管理或公共政策方面的互动与关系。例如，德雷斯纳（Drezner，2005）用一个以两个经济体为参与者的协调博弈来探讨经济全球化如何导致各国规制政策的融合。通过仔细构建两国在该博弈中的收益函数,德雷斯纳阐明规制融合与协调存在递增的规模报酬,这使得市场规模较大的经济体在标准竞争中胜出。厄佩莱嫩(2011)构建了一个关于国际技术合作的博弈论模型,在该模型中,政府试图诱使公司进行创新,同时试图迫使创新成功的公司向社会分享其技术,模型还考虑不同公司分属不同国家以及创新公司是跨国公司等情形以及国际技术合作中的逆向选择问题,从而揭示了政府评估技术创新的公共产品性的能力和推行迫使公司分享其技术的规则的能力以及公司的创新能力等之间的互动效应。这两个研究通过并不复杂的模型来论证了比较重要的论点,是成功运用博弈论的案例。

值得一提的是,与政治学中运用博弈论来构建理论的研究经常是纯理论的而相对不重视实证研究不同,公共行政学者在运用博弈论来建构理论时一般都用一些经验研究来检验他们的理论,或者是一个案例,或者是多个案例,或者是运用统计数据进行分析,或者是运用现实中的一些现象对模型进行解读。这一点使博弈论在公共行政中的应用的价值更容易被认同,同时也避免在政治学存在的学者对理性选择理论的态度呈现泾渭分明的分野的局面。

第五,在运用博弈论来构建公共行政理论的同时,还有公共行政学者做了实验博弈论的研究。例如,诺特等(Knott et al., 2003)设计了一个古诺双寡头的博弈实验,探讨参与者在有限信息和复杂性的决策环境下是如何做决定的。在该博弈中,参与者除了双方互动的历史外不知道对方的决策,同时一些因素(例如,做出坏决策的风险和对某行动路线的不确定性)被控制从而看它们如何影响参与者的决策。实验结果证明参与者们大体上服从古诺博弈的均衡策略模式。马克斯和格里茨(Marks & Gerrits 2017)则做了一个关于不同决策之间联系的实验,他让实验对象先后参与两个不同的双人博弈,然后观察参与者在两个博弈中的决策是否有关系,结果发现关系非常显著,在前一个博弈中的决策结果会给后一个博弈的决策形成聚焦点(focal points)。

（二）公共政策分析方面

博弈论也大量应用于公共政策分析。比较早的例子是梅特尔与纳维(Maital & Naveh，1989—90)对以色列于1985年成功控制恶性通货膨胀的研究，他们认为恶性通货膨胀是以色列内部各政党为讨好选民而过度开支所致，是一个囚徒困境，而民意的变化和美国的干预使局势转变成不同于囚徒困境的博弈结构。另外一个较早应用博弈论研究公共政策的例子是詹姆斯(James，1990)对加拿大国家能源计划及其影响的研究。他用一个合作博弈模型来概括联邦政府与地方政府的讨价划价，找出一系列求解概念并探讨其意义，进而与实际协议的利益分配相比较。詹姆斯的研究是少数运用非合作博弈论的研究案例之一，而以梅特尔与纳维为代表的许多运用非合作博弈论来探讨公共政策的研究基本上只是用某种博弈模型来揭示并概括某个公共政策问题的策略性互动性质，借助博弈论的概念、术语和特定模型来更准确地描述和理解该现实问题，还没有到根据一定的假设条件建立模型和推理结果的程度。这样的研究可以称为“定性博弈论”研究。

这方面的研究很多。有些是探讨国际公共政策问题的。例如，米西奥斯与普罗德(Missios & Plourde，1996)用从博弈论而来的洞见来分析加拿大与欧盟在纽芬兰的比目鱼捕捞配额之争。他们阐明：当国家之间处于合作状态时，它们更有积极性考虑资源保护，特别是当多个国家在条约约束下共同管理时，各国会更多考虑渔业资源保护而减少捕捞。米勒(Miller，1996)用一个博弈模型来分析美国和加拿大在西海岸三文鱼产量的变化对两国之间渔业合作架构的影响。拉达埃里(Radaelli，1998)认为，学者常常主张各国相互竞争以吸收资本和投资会导致它们在征税上陷入囚徒困境，但不是所有的国际税收政策问题都是如此，这要看具体议题的制度化过程和各行为体在互动中的策略结构。他认为转移定价政策(transfer pricing policy)问题就是一个协调博弈(coordination game)。他通过分析经济合作与发展组织(OECD)国家关于转移定价的规则的产生过程，揭示了制度企业家(institutional entrepreneurs)在促进国际政策协调产生的过程中的重要角色。豪沃思与洛德尔（Howarth & Loedel，2004）分析了在《稳定与增长公约》（*Stability and Growth Pact*）的议题上欧洲央行与欧元区成员国之间的博弈关系，他们反对使用“懦夫博弈”和“协调博弈”来描述这种关系，而是把该关系描述为一个重复的策略互动，并且在互动中考虑到“先动模型”（first move model）和“声誉模型”（reputation model）的一些洞见。他们认为，欧洲央行威胁会采取更紧的货币政策以惩罚财政上放任无度的成员国，但是在实际货币政策制定上却只关注通胀率，对财政赤字睁一只眼闭一只眼。

有些这方面的研究则关注国内的公共政策问题。例如，里格比等（Rigby，2014）运用从博弈论而来的洞见，分析了英国政府对建筑业的管理政策中运用关键绩效指标（key performance indicators，KPI）进行基准测试（benchmarking）的做法，指出该做法由于在政策规划时未能考虑到信息的策略价值而且是难以执行的，因为建筑提供商与其客户分享信息是一个被占优策略（dominated strategy）。卡恩（Khan，2014）用一个非零和博弈来表示在美国 1978 年的《文官制度改革法案》（*the Civil Services Reforms Act*）通过时资方和工会的立场和利益结构，分析卡特总统对待劳资双方的策略，从而解释这个重要法案获得通过的原因。科恩（Cohen，2015）分别用两个策略式博弈来表示 1985 年以色列经济稳定计划以前和以后的政客与官僚关于财政预算的互动模式，进而表明这一变化带来的官僚强势会带来以色列社会福利的次优结果。

还有一些这方面的研究把博弈论用于比较公共政策的研究。例如，吉尔罗伊（Gillroy，1999）分别用囚徒困境博弈和懦夫博弈来概括美国和加拿大的联邦体制的建立与维持，进而把这两个博弈的逻辑差异运用于对两国联邦体制在环境保护中的角色差异的案例讨论。然而，该研究的不足之处在于没能有效论证为什么美国的联邦体制是以囚徒困境逻辑为特征而加拿大是以懦夫博弈为特征。事实上，这也是很多“定性博弈论”研究的一个致命弱点。

随着全球治理的推进，全球公共政策也成为众所瞩目的研究领域，博弈论也被应用于该领域的研究，尤其是各国存在共同利益和分歧的气候议题。例如，布雷切特等(Brechet et al., 2010)借助博弈论的概念探讨各主要国家参与气候变化协议的激励以及欧洲的单方面承诺对于国际气候协议稳定的影响。索尔与塞德尔(Saul & Seidel, 2011)借助囚徒困境博弈来讨论减缓气候变化政策中阻碍各国合作的因素。这两个研究对博弈论的应用都还是比较初步的程度，倒是贝兰德和厄佩莱嫩(Bayer & Urpelainen, 2013)构建了一个比较复杂的博弈论模型来研究各国之间为全球性公共产品提供资金时资金提供方与接收方的互动与安排，这个研究对应对气候变化过程中的国际合作与资金支持具有一定指导意义。

还有一些研究运用博弈论的目的更多的是以之作为一个阐述的框架，从而更好地组织其论述。例如，比嫩鲍姆(Binenbaum, 2008)从博弈论视角出发探讨 R & D 联盟的激励问题，在考察研究开发过程的特殊性(产出的公共产品性质、投入的互补性、规模经济和范围经济)后，他提出 R & D 联盟可以用一个重复囚徒困境模型来概括并对其进行一定的扩展。倪娅(Ni, 2012)借助博弈论的视角，通过聚焦美国加利福尼亚州的一个公路建设项目，分析公私伙伴(Public-Private Partnership, PPP)开发方式中包含的诸多风险以及各方的风险回避行为。

值得一提的是，在公共行政类型的刊物中，也有些公共政策研究把博弈论的研究方法运用到比较深入的程度。它们一般根据现实情况设定一些假定，然后建立模型，推导均衡结果，进而把结果与现实结合起来进行解读。例如，哈尔布里特与奥恩多夫(Halbritter & Ohndorf, 2012)研究碳排放贸易中的最优责任安排问题。在清洁发展机制(Clean Development Mechanism, CDM)中，是否引入一个行动项目由第三方项目验证者决定，他们决定行动项目是否符合清洁发展机制的条件，并对任何错误发放的证书负责。该研究使用一个博弈模型来对项目验证者与协调者之间的互动建模，从而表明，把错发证书的责任从项目验证者转到协调者这样的做法不是最优的，因为它无法提供足够强的激励来实现对项目活动挑选与纳入的最优投入，而是会带来验证努力的过度供给。该研究以及贝兰德和厄佩莱嫩(2013)是构建比较精细的博弈论模型来分析公共政策的典型案例。

三　博弈论在中国公共行政研究中的应用

为了评述博弈论在中国公共行政研究中的应用，本节对“中国知网”(www.cnki.net)期刊全文库收录的运用博弈论研究公共行政问题的相关研究作回顾。对被回顾文献的选择主要依据论文的关键词和实质内容。这类型的研究不限于发表于公共行政类期刊的论文，还包括来自经济学等学科期刊的论文，从而较全面地反映国内研究的现状。

博弈论在我国公共行政研究中得到较为广泛的应用。事实上，由于我国从事公共行政研究的学者中具有经济学背景者比重较高，因此在我国博弈论在公共行政研究中的应用比在政治学研究中的应用更广泛，这一点与西方特别是美国不同。这些应用博弈论的公共行政研究大体上可以分为三种类型。

第一种类型就是近似于“定性博弈论”的研究。这类型研究运用博弈论的概念、术语和特定的模型来解释现实中的公共行政问题，进而提出政策建议。例如，邓集文(2004)把囚徒困境博弈应用于对环境问题中中央政府与地方政府关系的探讨，讨论了政府对经济活动进行组织协调的必要性，并把智猪博弈应用于对经济改革中中央与地方行政部门关系的讨论。于立、孙康和徐斌(2007)和李颖慧、王崇举和刘成杰(2014)分别用囚徒困境博弈来分析现实中的“公共地悲剧”问题，前者是辽东湾海蜇捕捞案例体现出来的渔业资源枯竭、渔民生活困难、渔村经济薄弱等“三渔问题”，后者则为三峡库区水污染治理中存在的问题。此外，金太军和沈承诚(2007)用蜈蚣博弈模型来探讨地方政府之间合作的巨大难度，一方在某时段的不合作会带来在初始时段就出现双方的不合作。金太军(2007)还用两个策略式博弈来探究中央政府对地方政府的监督困难和地方政府之间的合作困难。刘海嵩(2014)也以博弈论中的囚徒困境和智猪博弈来分析长江航运管理中大企业和小企业的不同策略，进而揭示航运公共设施建设落后、大型国企亏损、行业技术创新滞后等问题。

这种类型的研究一般从几个著名的博弈例子（如囚徒困境、智猪博弈、懦夫博弈等）吸取洞见，然后运用其思想来分析现实的公共行政问题，指出现实问题的内在机理与特定博弈模型的相似之处，借助博弈论来作说理性的探讨。在这些研究中，对博弈论的运用注重的是用博弈来表示，而不是用博弈论来推理。这些研究往往直接指出某个具体的公共行政问题的内在机理是某个博弈，但对现实问题性质的认定往往论证不够，在现实与结论之间有时存在一定的跳跃，因而有时难免显得技术性还不够高，逻辑的严密性还不够强。博弈论在这里有如一个寓言，只承担隐喻(metaphor)的功能，虽然其意义是清楚的，但寓言与该现实问题的具体情况是否切合则难免存在争议。总体而言，这些研究中模型与现实之间的联系略显松散，但它们对博弈论的运用对思考中国现实公共行政问题还是比较有用的。

在这种类型研究中最为成功的研究案例是周雪光与练宏(2011)，他们从有关谈判和战略互动的博弈论视角出发，借助序贯博弈的结构形式和策略集、信号博弈、轮流出价博弈等概念而构建了一个解释中国政府内部上下级间谈判过程的模型，并且与其有关环境政策领域里上下级政府间谈判行为的个案研究相结合。总体而言，这个研究借助博弈论的分析视角、概念与形式而提出近似于博弈的理论模型，得出十分有效的分析架构。

第二种类型的研究一般具备根据现实设定假设条件、建立模型、推导结果进而解读均衡结果以指导现实这一完整过程。这些研究中很多是处理公共部门与私人部门的利益差异或者不同公共部门的利益差异以及公共行政部门的监管角色的问题。例如，贾让成与邵明杰(2005)通过区别大企业和小企业从提高地方历史品牌产品的质量中得到的不同收益，用博弈论模型解释地方历史品牌容易消失的原因，即地方历史品牌的公共产品特性，进而就政府在经营地方历史品牌方面应扮演的角色提出政策建议。郭勇与熊靖(2007)用博弈论模型探讨在社区公共行政中当社区主管与社区居民就公共预算问题存在分歧时引入仲裁人以实现各方利益的均衡，并探讨政府在其中如何发挥监管职能。任路友与刘灿辉(2009)用一个动态博弈论模型来分析公共行政部门采取事后检查措施管制国企高管高额薪酬的条件，以及社会力量在督促政府采取监管行动方面所起的作用。吴昊与汤安明(2010)用一个博弈论模型说明在政府与事业单位的委托—代理关系中事业单位的财务公开化有利于缓解政府与事业单位的目标函数差异，从而有助于政府对事业单位的监督。虞华君、孟溦和武娟(2015)构建了政府与非营利组织的博弈收益模型，并探讨了相关参数变化对博弈各方的收益和策略选择的影响。此外，也有研究关注如何促进社会共同知识增长的问题。例如，杨立华(2010)用一个博弈模型来表示个体之间的知识困境，然后通过对该模型的扩展与修改，用三个模型来表示解决知识困境的三种途径，即强制模型、自学模型和学者模型。杨立华(2011)还通过一组逐步加入新的治理主体并考虑各主体治理的不同时序安排而逐渐扩展的博弈论模型来展示多元协作性治理的效应，文中结合使用策略型博弈模型和扩展性博弈模型的表达方法让人耳目一新，不过模型中治理效果改善主要还是基于作者的假设，而忽视了现实中往往存在治理主体的增加导致治理效果下降的情况。

值得一提的是，博弈论在中国公共行政研究的应用中卓有成效的一个研究主题是对中央政府与地方政府的关系。蔡建军(2011)用了一个两阶段动态博弈模型来分析中央政府与省级政府之间关于县级基本财力保障机制的互动，指出该机制的局限性并提出改进的建议。娄文龙与胡象明(2012)用一个动态博弈模型来表示中央政府与地方政府在住房市场宏观调控问题上的博弈(在模型中中央政府有调控与不调控的选择，而地方政府有执行与不执行的选择)，进而分析各种可能的均衡结果并从成本—收益的角度分析影响这些均衡结果成为现实的因素。秦德君与曹永盛(2015)用两个博弈模型分别概括中央政府与地方政府之间围绕公共政策的两种互动类型——强制性公共政策博弈和诱致性公共政策博弈，进而讨论了讨价还价、虚假执行和变相执行等行为对公共政策收益的影响并从环境与政策两方面就公共政策治理的优化提出建议。曹永盛与朱娜娜(2016)构建了单个地方政府和多个地方政府这两种情况下中央政府与地方政府之间的政策执行博弈模型,进而探讨科层制损耗问题与治理。

上述第二种类型的研究一般都从具体的公共行政问题出发,先根据该问题的情况设定若干切合实际的假设条件和设定博弈模型的结构,然后通过对模型的推导得出均衡,进而联系现实解读均衡结果和模型的意义,指出具体问题的发展趋势和后果,提出政策建议。总体而言,这些研究在通过模型作理论建构和对现实问题进行分析这两者之间做到较好的平衡,同时对模型与现实之间的联系也作了较合理的解释。

在第二种类型的研究中,最成功的研究案例是周黎安(2004;2007)关于地方官员的晋升竞争对地区间经济竞争与合作的影响的研究。他发现,在一个具有锦标赛特征的晋升博弈中,地方官员之间的晋升竞争使他们之间成为零和博弈,也就是说当官员发展经济的努力对其他地区越具有积极影响,该官员就越缺乏努力的动力。该理论模型解释了为什么地方政府间的合作非常少以及为什么我国地方经济建设存在严重的地方保护主义和重复建设的问题。周黎安的研究引领了许多中国学者对于央地关系以及地方政府间关系的研究。例如,与其对晋升博弈下地方政府间合作困境的强调不同,孙兵(2013)探讨了晋升博弈下地方政府间合作的原因与机制。在考虑地方政府行为的外溢效应的条件下,他用模型表明,在两个地方政府的情形下,地方政府将采取非合作的行为,但在三个或多于三个地方政府的情形下,一旦有地方政府采取合作行动,其他地方政府为提升或保持自己在所有地方政府中的位次会有积极性参与到合作中,因而非合作均衡是不稳定的。该文论证了晋升博弈下地方政府间出现合作的可维持性。这些研究运用博弈论的分析工具对一些对于中国实践具有重要意义的题目进行深入探讨,说明科学的研究方法可以和本色化的研究议题有机结合,产生出具有一定普遍意义的理论成果。

第三种类型是一些具有运筹学和管理科学背景的学者运用博弈论对一些公共行政问题开展的数理研究。例如，淮建军、刘新梅和雷红梅(2008)运用了鲁宾斯坦轮流出价模型和塞尔滕非合作博弈方法，分析了在中央政府加强对房地产市场的管制、地方政府退出与房地产商的合作时房地产商和地方政府的讨价还价。公彦德(2012)从演化博弈论的视角探讨预算审批部门、预算申报部门和财政支出部门决策的演化过程，建立这三个部门之间的演化博弈模型，分析它们的行为特征，进而得到参与者的行为演化规律和行为演化稳定策略。这些研究通常高度数理化，运用精深的数学技巧，但在对现实问题的解释方面则显不足。这些研究总体上不是博弈论应用于国内公共行政研究的主流，但是非常有益的组成部分。

如上所述，中国学者在运用博弈论研究中国公共行政问题方面做了非常积极的努力，并且取得丰硕的成果。博弈论已被用于众多议题的研究，包括环境问题、公共资源过度利用问题、中央与地方政府关系问题、地方政府之间的合作问题、公共部门与国有企业的关系问题、政府与事业单位的关系问题、政府各部门之间的关系问题、官员晋升激励问题等等。在改革开放的过程中，政府扮演重要的角色，政府内部各组成部分的关系以及政府与市场、社会的关系等为中国学者提供了许多重要的研究问题，而运用博弈论对一些在中国语境下意义重大的公共行政问题进行研究让中国学者在理论上可以贡献良多。

四　对博弈论在公共行政研究中的应用的评价与展望

本文对博弈论在西方和中国公共行政研究领域的应用作回顾，其目的是透过不完全的回顾来展示博弈论应用于该领域的背景、已经取得的成果以及仍然存在的问题。基于上文的回顾，我们可以对博弈论应用的有效性(validity)作出初步的评估。

一方面，我们应看到，博弈论在公共行政研究中的应用存在许多局限性。第一，在社会科学领域，博弈论是作为理性选择理论的一个工具而发挥作用的，因此，其在学术研究中被接受的程度依赖于理性选择理论在认识上的合法性。正如麦克唐纳（MacDonald，2003：555）所言，理性选择理论的认识论基础可以从两种科学哲学观点出发来探讨，一种观点是工具主义—经验主义（instrumentalist-empiricism），这种观点认为，理论假设的作用是帮助提出能够被检验的预测，它只关注能被观察和一般化的现象，即使理性选择理论的假设并不真实，但是它的价值在于它有助于产生能被经验证实的模型；另一种观点是科学实在主义（scientific-realism），这种观点认为，理论是对现实事物与过程的表述，即使这些事物与过程不可观察，研究应关注因果之间的机制，理性选择理论的用处在于它能提供“对推动人类行为的因果机制的准确描述”。然而，不管作为假设的生产者，还是作为机制的发现者，博弈论作为一种纯理论的研究工具是建立在“理性经济人”等对现实高度简化的假定基础上的。它假定行为者是理性的，根据每种战略的效用或期望效用而作选择，因此它无法考虑非理性非自利的情形。而现实中，许多行为者作选择的方式是非理性的，因此博弈论并不是对所有现实问题都有效的分析工具。不仅如此，正如唐世平指出的，理性选择理论是一种个体主义的研究路向，忽视了社会现实的整体性、系统性特征；同时，理性选择理论不是动态的，因为在均衡达成后就不会再有进一步的变化，除非有外生力量的作用（Tang，2011：239—240）。然而，需要指出的是，理性选择理论特别是博弈论的研究方法大多数情况下是被用来研究微观个体行为者的决策与互动，而非用来分析宏观体系的变迁。就像我们不应期望运用微观经济学来分析宏观经济走向一样，我们也不应要求适合分析微观和中观层次的博弈论能被用来解释社会体系或国际体系的变迁。

第二，对公共行政问题的博弈论建模过程除了纯理论的演绎，也可以是基于对现实问题的透彻观察后采取归纳路向而作出的理论建构，然而现实问题的复杂性往往难以被程式化的模型所捕捉。正如美国公共行政学家劳伦斯·奥图尔(O'Toole, 1995:45, 54)曾经总结过的,理性选择方法具有许多优点,包括"演绎理论的缜密,通过把所有相关行为者都看作策略参与者而具有把由上而下和由下而上两种视角的长处结合起来的潜能,有助于帮助把'博弈'之间、行为者之间和决策之间的相互依存性概念化"等,但同时建模本身面临许多的不确定性——行为者对其他行为者的偏好的不确定性,行为者数目和每个行为者策略数目的增加会带来新的不确定性,行为者可能对他们面临的相互依赖的结构本身也具有巨大的不确定性,等等。虽然奥图尔的观点是就理性选择方法对组织间网络管理这个专门议题的适用性而言的,但对整个公共行政领域而言仍然具有启示意义。

另一方面,我们也应看到,博弈论具有其他研究方法没有的优势。第一,博弈论工具本身具有简约性和系统性(不是研究对象的系统性,而是研究工具的系统性),它能把多个行为者、行为者的多个行动、这些行动的顺序、多种情形、各种情形的后果、各种情形发生的可能性等都概括并放在一个模型中考虑。基于其简约性和系统性,博弈论非常适合分析包括公共行政问题在内的许多社会问题。特别是在假设条件、模型内部结构等与实际情形相近的情况下,博弈论往往能对社会现象的内在机制作合理的揭示,从而让人更深入地理解问题根源并制定有效的政策。

第二,作为一种理论建构工具,博弈论能建构比一般的社会科学理论更精细的理论。一般的社会科学理论只给出自变量与因变量的关系,并给出一两个中间变量,但博弈论通过对模型的构建,能给自变量与因变量之间的联系提供一个过程性的说明,相当于提供多个中间变量,同时还注重所发生的因果联系所处的环境的特点。一般的社会科学理论的变量只有两个取值(发生还是不发生),而博弈论模型的变量的取值范围可以是连续的,并且博弈论如果与效用函数相结合就有可能使模型包含多个自变量,并且对这些变量与因变量之间的关系的解释能更立体、更动态。从这个意义上说,博弈论在应用于合适的研究对象时是一个较为强大的理论建构工具。

基于博弈论的优点与不足，关于博弈论应用于公共行政研究的价值一直存在不同的看法。支持者认为博弈论有利于揭示公共行政现象背后的机制，有助于我们更深刻地理解现实问题并提出有效的政策建议。而反对者则会认为博弈论只能代表一种视角，它建立在特定的假设条件基础上，很容易与现实脱节，导致以其为基础制定的公共政策也容易出现偏差。笔者认为，作为一种理论建构的工具，博弈论应用于公共行政所产生的研究成果与其他定量研究工具如统计学研究方法相比有一个重要差异，那就是后者毕竟是以对现实观察而得到的数据为基础的，属经验研究（empirical research），而博弈论所构建的模型则可以是完全的理论建构。博弈论模型将始终面临着纯理论研究都需面对的"惊险的跳跃"，也就是说，读者需要用基于对某现实问题的整体感知而形成的判断来决定是否接受该研究成果的实证有效性。然而，对现实问题的理论解读不会消亡，在可预见的将来，博弈论仍将在社会科学研究中占有一席之地，并且将继续被应用于公共行政问题的分析。

学术研究的发展常常是知识存量与现实的研究需求之间相互激荡、相互促进、相辅相成的结果。今天中国许多公共行政问题的浮现对博弈论等研究工具提出需求，同时也为博弈论在公共行政研究中应用的扩展提供了宝贵机会。正如上一节对相关研究的回顾所表明的，当前博弈论在中国公共行政研究中的应用主要还是在公共政策研究领域。基于博弈论分析工具的特点，我们可以推测其在我国公共行政研究中的进一步应用大致存在以下潜在方向。

第一，中国特色的公共行政理论。基于我国的政治制度与西方国家的差异，我国的公共行政体系与制度具有一定的特殊性。如果能运用以博弈论为代表的理性选择理论工具将这些特殊性进一步厘清，并构建中国特色的公共行政理论，将有助于丰富公共行政理论，其理论成果也对我国的行政实践具有重要指导意义。尤其是我国这样一个有着悠久的公共行政历史的国家，积淀了大量的行政管理经验与研究问题，为理论研究提供了丰富的素材。我国学者已经对中央与地方关系、地方政府在经济建设中的角色等作了创新性的研究，如能运用博弈论来探讨党在决策结构和政策过程中的角色、中国的人事制度和财政收支制度等的内在机理和政策效应等重要议题，这将对构建中国特色的公共行政理论大有裨益。

第二，犯罪控制与反腐败。许多犯罪行为特别是经济犯罪行为和贪污受贿行为都是理性选择的结果，引入博弈论可以探究承诺、威慑、选项的去除、稽查等策略如何影响均衡的犯罪结果，对于控制犯罪和构建反腐败的制度体系应该会大有帮助。当前，反腐败的任务依然艰巨，从制度上预防腐败尤为重要，博弈论能给这些工作提供理论与洞见。

第三，政策执行问题。由于政策执行的过程中涉及委托—代理关系，如何激励政策执行者有效地执行政策并实现管理创新成为一个重要问题。特别是在我国，政策执行问题常常涉及中央与地方关系、上级与下属关系、官员的职位升降等，需要探讨有效的机制设计来保证政策的顺利执行。博弈论由于比较适合分析委托方与代理方的信息不对称和激励相容问题，因而对政策执行的研究非常适用。

第四，合作治理问题。随着公共服务民营化和公共非营利合作关系的发展，公私之间合作关系的管理成为重要的研究课题。不管理论界把这种关系理解为委托代理关系还是管家关系（敬乂嘉，2011），博弈论都可以对该合作关系的管理提供重要的研究方法支持。在委托—代理关系的理论前提下，博弈论非常适合研究合作双方之间的信息不对称、激励、奖惩、监督等问题。在管家关系的理论前提下，博弈论非常适合研究这种合作关系中声誉、信任、承诺等问题。①此外，博弈论还可以用来探讨合作关系建立前的初始条件（如市场结构）对合作关系的影响。事实上，博弈论在经济学的产业组织领域的广泛应用已经为这类问题的研究积累了大量的理论资源。

第五，公共预算过程。不管在东方还是在西方，公共预算都是一个牵涉包括立法、部会领导、行政部门、私营部门等多部门互动的过程，它

---

① 这方面研究的一个例子是约翰斯顿等（Johnston et al., 2011）运用博弈论对合作治理过程中公共部门如何管理对利益相关方的引入的研究。

们有各自的利益、目标、规则、策略等。早在20世纪90年代初，就有美国学者(Skok, 1991)呼吁加强对"策略性预算过程"(strategic budgeting)的研究，但到目前为止这方面的成果还不算很多。中国学者可以结合我国公共行政的实践对公共预算过程和其中的问题进行博弈论分析。

总之，博弈论在中国的公共行政研究中的应用已经取得丰硕的成果，尽管受到不少质疑，仍将拥有很好的应用前景，特别是上述五个潜在方向或许是进一步发展的突破口。

参考文献

蔡建军:《县级基本财力保障机制的博弈分析》,《经济研究参考》2011年第41期,第27—32页。

曹永盛、朱娜娜:《利益博弈视角下中央政策执行的科层制损耗》,《领导科学》2016年第4期,第8—13页。

邓集文:《纳什均衡对我国公共行政的启示》,《湖南师范大学社会科学学报》2004年第2期，第51—54、127页。

公彦德:《基于演化博弈视角的政府预算博弈模型设计及分析》,《运筹与管理》2012年第4期,第74—80页。

郭勇、熊靖:《基于社区公共行政的博弈分析》,《当代财经》2007年第5期，第23—27页。

淮建军、刘新梅、雷红梅:《地方政府和房地产商非合作讨价还价的博弈分析》,《运筹与管理》2008年第3期,第70—74页。

贾让成、邵明杰:《地方历史品牌的困境及管理策略》,《经济体制改革》2005年第5期,第74—76页。

金太军、沈承诚:《区域公共行政制度创新困境的内在机理探究:基于新制度经济学视角的考量》,《中国行政管理》2007年第3期,第99—102页。

金太军:《从行政区行政到区域公共行政——政府治理形态嬗变的博弈分析》,《中国社会科学》2007年第6期,第53—65页。

敬乂嘉:《社会服务中的公共非营利合作关系研究》,《公共行政评论》2011年第5期,第5—25页。

李颖慧、王崇举、刘成杰:《三峡库区水污染治理机制研究》,《科技管理研究》2014 年第 17 期,第 231—135、240 页。

刘海嵩:《博弈论中的长江航运公共行政》,《中国水运》2014 年第 6 期,第 22—23 页。

娄文龙、胡象明:《宏观调控下中央与地方政府在住房市场中的博弈》,《现代经济探讨》2012 年第 11 期,第 33—36、87 页。

秦德君、曹永盛:《公共政策:中央政府与地方政府博弈机制的行政学分析》,《领导科学》2015 年第 5 期,第 19—23 页。

任路友、刘灿辉:《基于博弈视角的国企高管薪酬监管研究》,《人力资源》2009 年第 8 期,第 114—115 页。

孙兵:《晋升博弈背景下中国地方政府合作发展研究》,《南开学报》(哲学社会科学版)2013 年第 2 期,第 23—30 页。

吴昊、汤安明:《事业单位财务透明的博弈分析》,《当代经济》2010 年第 15 期,第 122—123 页。

杨立华:《知识困境及其解决方式:以环境治理为例的博弈模型构建》,《中国行政管理》2010 年第 10 期,第 112—116 页。

杨立华:《多元协作性治理:以草原为例的博弈模型构建和实证研究》,《中国行政管理》2011 年第 4 期,第 119—124 页。

虞华君、孟潋、武娟:《政府和非营利组织博弈模型的建构》,《统计与决策》2015 年第 23 期,第 38—41 页。

于立、孙康、徐斌:《"三渔问题"与公共政策调整思路——辽东湾海蜇捕捞案例分析》,《公共行政学报》2007 年第 2 期,第 30—34 页。

周黎安:《晋升博弈中政府官员的激励与合作——兼论我国地方保护主义和重复建设问题长期存在的原因》,《经济研究》2004 年第 6 期,第 33—40 页。

周黎安:《中国地方官员的晋升锦标赛模式研究》,《经济研究》2007 年第 7 期,第 36—50 页。

周强:《公共行政中规范研究探析》,《中国行政管理》2014 年第 2 期,第 74—78 页。

周雪光、练宏:《政府内部上下级部门间谈判的一个分析模型——以环境政策实施为例》,《中国社会科学》2011 年第 5 期,第 80—96 页。

Amadae, S. M., & Bueno de Mesquita, B. (1999). "The Rochester

School: The Origins of Positive Political Theory," *Annual Review of Political Science*, 2:269—295.

Aumann, R.J., & Maschler, M. (1966). "Game-theoretic Aspects of Gradual Disarmament." Chapter V in *Report to the U.S. Arms Control and Disarmament Agency ST-80*, Princeton: Mathematica.

Austen-Smith, D., & Banks, J.S. (1998). "Social Choice Theory, Game Theory, and Positive Political Theory," *Annual Review of Political Science*, 1:259—287.

Bayer, P., & Urpelainen, J. (2013). "Funding Global Public Goods: The Dark Side of Multilateralism," *Review of Policy Research*, 30(2):160—189.

Bendor, J. (1988). "Formal Models of Bureaucracy," *British Journal of Political Science*, 18(3):353—395.

Bendor, J., & Moe, T.M. (1985), "An Adaptive Model of Bureaucratic Politics," *American Political Science Review*, 79:755—774.

Bennett, A., Barth, A., & Rutherford, K.R. (2003), "Do We Preach What We Practice? A Survey of Methods in Political Science Journals and Curricula," *PS: Political Science and Politics*, 36(3):373—378.

Bertelli, A., & Feldmann, S.E. (2007). "Strategic Appointments," *Journal of Public Administration Research and Theory*, 17:19—38.

Binenbaum, E. (2008). "Incentive Issues in R & D Consortia: Insights from Applied Game Theory," *Contemporary Economic Policy*, 26(4):636—650.

Black, D. (1948a). "On the Rationale of Group Decision Making," *Journal of Political Economy*, 56:23—34.

Black, D. (1948b). "The Decisions of a Committee Voting a Special Majority," *Econometrica*, 16:245—261.

Black, D. (1958). "*The Theory of Committees and Elections*," Cambridge: Cambridge University Press.

Brechet, T., Eyckmans, J., Gerard, F., Marbaix, P., Tulkens, H., & van Ypersele, J. (2010). "The impact of the unilateral EU commitment on the stability of international climate agreements," *Climate Policy*, 10:

148—166.

Brown, T.L., Potoski, M. & Van Slyke, D.M. (2010). "Contracting for Complex Products," *Journal of Public Administration Research and Theory*, 20:141—158.

Buchanan, J. (1954). "Individual Choice in Voting and the Market," *Journal of Political Economy*, 62:334—343.

Buchanan, J., & Tullock, G. (1962). *The Calculus of Consent: Logical Foundation of Constitutional Government*, Ann Arbor: University of Michigan Press.

Cohen, N. (2015). "Bargaining and Informal Interactions in the National Budget: A Game Theory Analysis of the Israeli Case," *International Review of Administrative Sciences*, 81(1):58—78.

Drezner, D.W. (2005). "Globalization, Harmonization, and Competition: The different Pathways to Policy Convergence," *Journal of European Public Policy*, 12(5):841—859.

Dorsner, C. (2004). "Social Exclusion and Participation in Community Development Projects: Evidence from Senegal," *Social Policy and Administration*, 38(4):366—382.

Downs, A. (1957). *An Economic Theory of Democracy*, New York: Harper Collins.

Gillroy, J.M. (1999). "American and Canadian Environmental Federalism: A Game-theoretic Analysis," *Policy Studies Journal*, 27(2):360—388.

Green, D.P., & Shapiro, I. (1994). *Pathologies of Rational Choice Theory: A Critique of Applications in Political Science*, New Heaven, Connecticut: Yale University Press.

Halbritter, K.S., & Ohndorf, M. (2012). "Optimal Liability Appointment in Programmatic Credit-based Emissions Trading," *Climate Policy*, 12:440—452.

Harsanyi, J.C. (1966). "A General Theory of Rational Behavior in Game Situations," *Econometrica*, 34:613—634.

Howarth, D., & Loedel, P. (2004). "The ECB and the Stability Pact:

Policeman and Judge?” *Journal of European Public Policy*, 11(5):832—853.

James, P. (1990). “The Canadian National Energy Program and Its Aftermath: A Game-theoretic Analysis,” *Canadian Public Policy*, 16(2): 174—190.

Johnston, E.W., Hicks, D., Nan N., & Auer, J.C. (2011). “Managing the Inclusion Process in Collaborative Governance,” *Journal of Public Administration Research and Theory*, 21(4):699—721.

Kam, C. (2000). “Not Just Parliamentary ‘Cowboy and Indians’: Ministerial Responsibility and Bureaucratic Drift,” *Governance: An International Journal of Policy and Administration*, 13(3):365—392.

Kettl, D.F. (2000). “Public Administration at the Millennium: The State of the Field,” *Journal of Public Administration Research and Theory*, 10(1): 7—34.

Khan, H. (2014). “The Passage of the Civil Service Reforms Act of 1978, and the Business and the Union: A Non-Zero Sum Game,” *International Journal of Public Administration*, 37(1):35—43.

Kim, S.E., & Urpelainen, J. (2013). “When and How Can Advocacy Groups Promote New Technologies? Conditions and Strategies for Effectiveness,” *Journal of Public Policy*, 33(3):259—293.

Knott, J. H., & Miller, G. J. (1987). *Reforming Bureaucracy: The Politics of Institutional Choice*, Englewood Cliffs, NJ: Prentice-Hall.

Knott, J.H., Miller, G.J. & Verkuilen, J. (2003). “Adaptive Incrementalism and Complexity: Experiments with Two-person Cooperative Signaling Games,” *Journal of Public Administration Research and Theory*, 13(3): 341—366.

Kreps, D.M., & Wison, R.B. (1982). “Sequential Equilibria,” *Econometrica*, 50:863—8.

Lapuente, V., & Nistotskaya, M. (2009). “To the Short-sighted Victor Belong the Spoils: Politics and Merit Adoption in Comparative Perspective,” *Governance: An International Journal of Policy, Administration, and Insti-*

tutions, 22(3):431—458.

Lavertu, S., & Moynihan, D. (2013). "The Empirical Implications of Theoretical Models: A Description of the Method and an Application to the Study of Performance Management Implementation," *Journal of Public Administration Research and Theory*, 23:333—360.

MacDonald, P.K. (2003). "Useful Fiction or Miracle Maker: The Competing Epistemological Foundations of Rational Choice Theory," *American Political Science Review*, 97(4):551—565.

Maital, S., & Naveh, D. (1989—90). "The Evolution of Political Sanity: A Game-theoretic Analysis of Hyperinflation (with Reference to Israel)," *Policy Studies Journal*, 18(2):265—277.

Marks, P.K., & Gerrits, L.M. (2017). "Association between Decisions: Experiments with Coupled Two-person Games," *Public Management Review*, 20(7):960—979.

McCain, R.A. (2009). *Game Theory and Public Policy*, Cheltenham, UK: Edward Elgar.

Miller, K. A. (1996). "Salmon Stock Variability and the Political Economy of the Pacific Salmon Treaty," *Contemporary Economic Policy*, 14: 112—129.

Missios, P.C., & Plourde, C. (1996). "The Canada-European Union Turbot War: A Brief Game Theoretic Analysis." *Canadian Public Policy*, 22(2): 144—150.

Moe, T.M. (1989). "The Politics of Bureaucratic Structure," In Chubb, J.E. & Peterson, P.E.Eds. *Can the Government Govern*? Washington, D.C.: Brookings.

Moe, T.M. (1994). "Integrating Politics and Organizations: Positive Theory and Public Administration," *Journal of Public Administration Research and Theory*, 4(1):17—25.

Ni, A.Y. (2012). "The Risk-averting Game of Transport Public-Private Partnership: Lessons from the Adventure of California's State Route 91

Express Lanes." *Public Performance & Management Review*, 36(2):253—274.

Olson, M. (1965). *The Logic of Collective Action*, New Haven, Connecticut: Yale University Press.

O'Toole, L. (1995). "Rational Choice and Policy Implementation: Implications for Interorganizational Network Management," *American Review of Public Administration*, 25(1):43—57.

Radaelli, C.M. (1998). "Game Theory and Institutional Entrepreneurship: Transfer Pricing and the Search for Coordination in International Tax Policy," *Policy Studies Journal*, 26(4):603—619.

Riker, W.H. (1962). *The Theory of Political Coalition*, New Haven, Connecticut: Yale University Press.

Rigby, J., Dewick, P., Courtney, R. & Sally Gee. (2014). "Limits to the Implementation of Benchmarking through KPIS in UK Construction Policy: Insights from Game Theory," *Public Management Review*, 16(6): 782—806.

Saul, U., & Seidel, C. (2011). "Does leadership promote cooperation in climate change mitigation policy?" *Climate Policy*, 11(2):901—921.

Schelling, T. (1960). "The Strategy of Conflict. Cambridge," MA: Harvard University Press.

Selten, R. (1965). "Spieltheoretische Behandlung eines Oligopolmodells mit Nachfragetragheit." *Zeitschrift fur die gesamte Staatswissenschaft*, 121: 301—324.

Selten, R. (1975). "Reexamination of the Perfectness Concept for Equilibrium Points in Extensive Games," *International Journal of Game Theory*, 4:25—55.

Simon, H.A. (1945). "Book Review: *Theory of Games and Economic Behavior* by J. von Neumann and O.Morgenstern," *American Journal of Sociology*, 50(6):558—560.

Shaffer, S., & Shogren, J. (2008). "Infinitely Repeated Contests: How Strategic Interaction Affects the Efficiency of Governance," *Regulation and*

Governance, 2:234—252.

Shapley, L.S., & Shubik, M. (1954). "A Method for Evaluating the Distribution of Power in a Committee System," *American Political Science Review* 48(3):787—792.

Skok, J.E. (1991). "Strategic Budgeting: Reviewing the Literature of an Emerging Theory," *International Journal of Public Administration*, 14(5): 923—954.

Tang, S. (2011). "Foundational Paradigms of Social Sciences. *Philosophy of the Social Sciences*," 41(2):211—249.

Tonon, J.M. (2008). "The Costs of Speaking Truth to Power: How Professionalism Facilitates Credible Communication," *Journal of Public Administration Research and Theory*, 18:275—295.

Von Neumann, J., & Morgenstern, O. (1944). *The Theory of Games and Economic Behavior*, Princeton, NJ: Princeton University Press.

Walker, P. (1995). "An Outline of the History of Game Theory," http://euler.fd.cvut.cz/predmety/teorie_her/histf.html. Accessed on 10 January 2018.

Wood, B.D., & Waterman, R.W. (1991). "The Dynamics of Political Control of the Bureaucracy," *American Political Science Review*, 85:801—828.

哲学能为公共管理做何贡献？
——评《公共管理与哲学》[*]

翁士洪[**]

我国公共管理思想虽然源远流长，但是把公共管理作为一门独立学科的时间并不长。20 世纪 80 年代开始，我国才真正地加快了公共管理研究的进程。中央政府和地方政府的改革已经变得越来越重要，这吸引了越来越多的人以国际视野关注公共管理。然而之前很多的研究是围绕具体的行政活动过程及其规律而展开的，很少有研究中国公共管理背后最深层和最根本的哲学基础。其实，围绕着“到底是政治哲学，还是行政科学”这一问题，西蒙与沃尔多在 1952 年就爆发了一场争论，并影响了随后的公共管理学的发展至今（马骏、颜昌武，2009）。

然而今天，当我们谈论公共治理（PG）、公共行政（PA）、公共管理（PM）时，会发现它们变得越来越强调可操作性，而没有适当了解公共管理活动所要预期的最终结果和行动背景。显而易见，在公共管理和政治学中通常缺乏战略视角，这在很大程度上与缺乏对治理行为所依据的理念和价值观的理解有关。在公共治理、公共行政和公共管理的文献中，学界对于所争论的主题和关键哲学问题之间的联系，似乎缺乏足够的探索。

所有这些都说明了为什么英国社会科学院院士、开放大学公共管

---

* Ongaro, E. (2017). *Philosophy and Public Administration*: *An Introduction*, Edward Elgar: Cheltenham, UK.

** 翁士洪，上海理工大学管理学院。

理学教授埃多奥多·昂加罗(Edoardo Ongaro) 2017 年出版的《公共管理与哲学》这本书对公共管理领域的政府决策者、学者和学生来说都很重要。其主要作用是确定我们反思政府和治理的目标。该书开篇就指出,尽管现在已经有一些文献讨论过公共管理与哲学的问题,通常只聚焦在公共管理中的认识论或者伦理与价值上,比如 Riccucci、Drechsler、Frederickson、Huberts、Rutgers 等名家,但他们的这些成果都零散在某些杂志上,难成体系。与本书最相关的文献只有 Lynch & Cruise (2006)主编的《组织理论和管理手册:哲学方法》一书,但该书是编著,汇集了该领域许多美国知名学者,而且仅从个体哲学角度对某些具体行政哲学问题进行探讨的,缺少一以贯之的理论体系(Ongaro, 2017:1—2)。

哲学能给公共管理领域带来什么贡献?这是一个非常重要而且长期被忽略的问题。作者指出,该书的主题是"哲学可能对公共管理领域做出的贡献"。这个问题没有唯一有效的答案,但最重要的答案是"赋予它的存在和行动以意义"。作者从哲学的角度对公共管理科学的核心问题进行了分析,并指出哲学基础知识对更深入地了解公共管理现象至关重要。例如,社会契约思想对行政系统建设的影响是巨大的。本书向读者系统介绍了公共管理的三个核心哲学观点:本体论、认识论和政治哲学。

全书共分为七章,在导言部分对探讨这一主题的逻辑依据进行全面介绍之后,分别论述了一些相互关联的主要哲学流派和方法。首先,在第二章里昂加罗通过对一系列重要的哲学流派进行了一次富有想象力的考察,使不太熟悉这些方法的读者对此有了基本的了解,包括从古希腊的古典哲学家到中世纪和文艺复兴,再到启蒙时代的重要哲学家。然后,第三章重点论述了从康德到黑格尔和马克思,再到韦伯、波普尔和存在主义者,以及 20 世纪末的现象学、建构主义、过程哲学,等等。令人印象深刻的是,这里没有那些枯燥的哲学术语、方法或学院派教条,而是简洁清晰地介绍了这些哲学家的基本思想,并对其从核心的政府理论和行政科学问题的角度加以解释。

第四章随后从哲学角度探讨了各种公共管理理论。下面的一些例子可能较好说明了作者是如何论证的。例如,昂加罗分析了康德先验主体作为当代公共治理的基础。他还将批判现实主义思想引入波普的哲学观点,尤其值得注意的是,他认为批判现实主义及其基础应该回到先验主义哲学和亚里士多德所确定的四种因素:物质、形式、效率和结果,并具体分析了亚里士多德的四种因素对于公共管理与社会科学的当代意义。而且,他还详细说明了这种认识论方法对行政科学思想家比如赫伯特·西蒙的影响(Ongaro, 2017:123—127)。他除了分析了实证主义、新实证主义、后实证主义、建构主义等哲学观点与公共管理的关系之外,也阐述了新马克思主义分析在有关新公共管理理论的批判性争论中所起的作用。他对时间和历史进程在解释公共管理改革趋势中的作用的哲学观点也颇为新颖。比如,仅以公共管理理论研究与管理实践中的时间问题为例。他指出,时间的性质问题伴随着哲学思考,这由来已久,一场著名的争论发生在哲学家柏格森、海德格尔和物理学家爱因斯坦之间。其中,爱因斯坦的"物理时间"被空间化了;柏格森的时间是持续时间,"时间是雪球",海德格尔的时间是历史决定论的,正如我们作为"存在"一样。我们需要继续追问,那么,推动了我们的社会科学探究的有关时间的本体论是什么呢?支持公共管理实践者在组织中"实践"他们的生活的本体论又是什么?其实,大多数社会科学著作都隐含着一种空间化的时间概念。这些都提醒公共管理研究者,需要重新审视我们研究方法的基础。

第五章对感兴趣的公共管理研究者来说似乎特别有益。在前面几章重点讨论了公共管理的本体论和认识论之后,本章重点讨论其政治哲学问题。例如政治制度如何合法化,从而也使行政制度合法化,以及社会福利或社会契约等基本结构在其中发挥的作用。他围绕着公共管理学科最核心的基础问题——公正——来展开论证,包括柏拉图的"公意"、卢梭的"社会契约"、罗尔斯的"正义"及弗莱彻尔的"人格主义"中分别是如何论证公共部门中的公正问题的。此外,作者从哲学的角度来探讨一系列公共管理学科最新的概念,如新公共管理(NPM)、新公共治理(NPG)、新韦伯国家(NWS)、数字时代治理(DEG)、民主治理(DG)等,根据这些理论中的合法性论点来重新审视公共部门改革理论与学说。据此,他建议公共管理者应该在实现社会公正原则方面发挥积极作用。

第六章是本书的一个特例。昂加罗以三件杰出的艺术作品为例来阐述他的观点。这些作品都曾开启了几个世纪以来的知识传统,并经久不衰。在他看来,它们都是对国家和行政的特殊审视。首先,他描述和分析了安布罗斯·洛伦兹蒂的壁画《善政》这一世界闻名的意大利艺术作品。用此组画来讨论的主题是管理者和公民的美德在公共治理中的作用。此外,昂加罗挑选了两部对政府和公共管理影响深远的文学作品:尼科洛·马基雅维利的《王子》和托马斯·莫尔的《乌托邦》。他用《王子》为底本讨论了在公共管理与政治学中关于权力和永恒的人性的现实主义,用《乌托邦》讨论的主题是乌托邦思想对于公共管理的意义与潜力。昂加罗将这两部文学巨作形成对比,考察它们对于当今公共管理科学的经验教训。

在最后一章,昂加罗从多维的哲学角度重新审视了公共管理的四大知识传统(Raadschelders, 2013)。它们分别是:第一,作为实践智慧的公共管理。这是最老的方法,它通过道德推理和逻辑论证,通过跨学科的对时间和环境的反思、解释和比较来理解政府。第二,作为实践经验的公共管理。这是一种偏好工具和技术的方法,有助于日常管理和实践经验学习,公共管理并没有被限制在一门定义明确的独立科学的严格界限内。第三,作为科学知识的公共管理。这种方法倾向于采用"狭义"的科学定义,以自然科学为范式,努力实现公共管理科学成为自然科学的理想。西蒙是其坚定拥护者。第四,公共管理的相对主义与后现代主义视角。这种方法旨在通过关注解释、价值观、判断、情感和情感来补充科学方法。作者认为,哲学观点可能会揭示这些问题。

在书中昂加罗从公共管理的哲学基础入手,探讨了当前公共管理争论的关键议题和关键哲学问题之间的联系。如果公共管理既是一门艺术,又是一个跨学科领域,那么对于公共管理研究者或实务者来说,理解其哲学背景都是至关重要的。在这种情况下,该书提出了两个与学术界高度相关的主要问题:“我们如何研究公共管理? 我们如何理解公共管理中的主要问题?”

此外,该书的结构非常清晰,逻辑连贯,整合了从古代到中世纪再到当代的主要哲学范式,主要哲学思想对现代公共管理的影响,政治哲学和公共治理之间的关系,以及哲学对提升公共管理的可能贡献。作者的分析将苏格拉底、亚里士多德、柏拉图、托马斯·阿奎那、笛卡儿、斯宾诺莎、霍布斯、康德、黑格尔、波普尔、胡塞尔、海德格尔、韦伯等哲学家、思想家的思想和作品与当代公共管理的核心主题联系起来。

该书的独创性也来自它的风格和方法。作者试图以直接和实际的方式将哲学思想的世界与公共管理的不同领域联系起来,这些领域建立在那些影响很大的艺术作品之上。

当然,从某种程度上来讲,该书也有所不足和值得商榷之处。一是核心哲学流派的选择理由不明。作者称其对这些哲学流派经过了对其公共管理研究重要性的排序而选取的(Ongaro, 2017:23)。但全书并未见到其如何进行排序、根据这些排序选择了哪些哲学流派,又剔除了哪些哲学流派。二是作者似乎熟悉那些宏大的认识论争论、问题和挑战,但没有详细阐述对这些问题的评论。比如,他在结尾总结处用表格将公共管理与哲学关系的研究归为三类:为公共管理研究的哲学、公共管理的哲学,以及从公共管理到哲学(Ongaro, 2017:232),并分别从本体论、认知论和政治哲学维度进行了区分,还将自己的方法归为“为公共管理研究的哲学的本体论”。但是,他并未具体分析其理由为何,这些类型的分类依据和各自特征等等,也未说明这是描述、解释还是预测,而这是社会科学研究的基本路径。

总之,该书主题新颖,写得非常生动。作者在众多哲学理念中作出了巧妙的选择,从哲学的角度对公共管理方面进行的分析颇具特色,也易于理解。显然,我们需要对公共管理学科的核心问题有扎实和广泛的了解。然而,到目前为止还没有相应的书籍,因此特向对公共管理学科有兴趣的读者推荐该书,这有助于读者从陌生、全新的哲学角度审视公共管理学科。该书的确开辟了新的视角,给读者提供了很多"思想的食粮"。所以,读者可以从核心哲学观点出发,对公共管理活动进行广泛和密集的考察,从那里与作者一起审视公共管理中不同的核心问题。

参考文献

马骏、颜昌武:《西方公共行政学中的争论:行政科学还是政治哲学》,《中山大学学报》(社会科学版),2009年第2期。

Lynch, T.D., & Cruise, P.L. (2006). (eds.) *Handbook of Organization Theory and Management: The Philosophical Approach*, Boca Raton, FL: CRC Press.

Raadschelders, J.C.N. (2013). "Public Administration: The Interdisciplinary Study of Government," *American Review of Public Administration*, 43(2):243—245.

“第二届中印发展与治理论坛”综述

2018年6月8日，“第二届中印发展与治理论坛”学术论坛在复旦大学光华楼成功举办。论坛由复旦大学陈树渠比较政治发展研究中心、复旦大学国际关系与公共事务学院，复旦大学甘地与印度研究中心、加州大学河滨分校以及海德堡大学南亚研究所共同举办，来自中国、印度、美国、新西兰、德国、南非、荷兰、新加坡、日本等国的学者出席论坛。

论坛开幕式环节，论坛联合主席复旦大学敬乂嘉教授、加州大学河滨分校 Anil B.Deolalikar 教授、海德堡大学 Rahul Mukherji 教授分别致辞。随后，论坛围绕四个单元展开，与会学者从多个角度分析了中国和印度的公共治理议题及比较研究。

论坛第一单元由加州大学河滨分校 Anil B.Deolalikar 主持，来自京都大学的 Rohan D'Souza 首先分析了中印跨国河流治理的挑战——可能的想象和零和游戏。Rohan 教授介绍了水治理的历史，从工程师角度的水资源管理开始，到生态保护者的模型，提出在 20 世纪 80 年代对水治理的概念有了新的转向，应该从历史的角度看河流，其折射了历史、文化、地理等不同角度。在跨国界的河流治理中，实际情况往往十分复杂，因为河流跨越国家边界并常常与安全议题相关，河流不仅关乎政府和社会组织，更在当地社区层面展开，比如中国在治理水的传统上分为儒家的疏通、控制和道家的无为而治，河流关乎文化、生态，属于某一空间形成的过程。

来自复旦大学的刘承昊分析了印度对外援助的治理框架，首先简要介绍印度作为一个传统国际发展援助接受者的情况，和如今的南南合作模式。作为与世界霸权结盟的另一选择，南南合作这一概念缘起于 1985 年；进入 21 世纪，南南合作的范围更加广泛，印度加大了对外援助，但是印度的对外援助也存在诸如战略策划、评估与监督机制的缺失、忽略没有经济联系的国家等问题。

来自海德堡大学的 Rahul Mukherji 教授研究印度的孟加拉邦的福利主义政治的起伏。首先，Mukherji 教授简要梳理孟加拉邦再分配政策，孟加拉邦有强大的农业产业基础；而 1991 年经济改革之后，获取投资的政治观念占上风，福利政策则走下坡路；注重工业与投资的发展使得该邦共产主义政党的政治基础不复强盛，不同的意识形态在某种程度上也决定了国家治理能力的构建。

在第二单元，来自印度的 Kaushiki Sanyal 博士展示了《印度的协商民主和公民参与》一文。印度和中国的政治体制不同，将公民意志转化为国家法律政策的路径也大不相同。文章深入剖析和比较了中印的政策转化路径及其与政治体制的关系，以 1999 年到 2014 年的 9 类法律法规的游说和立法过程为例，描绘了印度协商民主的轮廓。过去 20 多年间，印度国家与公民社会的关系发生了很大的变化，NGO 和草根阶层、利益集团和游说团体发挥着越来越重要的作用，司法机构、媒体和社会组织等多元的主体影响着政策制定的进程。作者试图通过对法律形成过程的分析，构建一个多元参与、现代的、草根阶层的民主协商理论模型。

来自纽约大学的雷镇环展示了他的合作文章《中国农村的财政转移、选举和治理》。财政转移是地区间资源再分配和促进地方公共服务的工具，也可能被政治家利用，将资金分配给支持者和同阵营者，以在选举中获得优势。1998 年到 2002 年间覆盖 22 个省 961 个村庄的调查数据发现，财政转移与地方公共产品提供有相关关系，财政独立性——转移资金占总收入的比例——与公共产品提供相关性较小。

来自印度金道尔大学的 Arun Kumar Kaushik 教授研究了印度选举结果和公共产品提供的关系，分析政府层面的政治竞争和 Panchayati Raj 机构（PRI）的融资可能带来的影响。总的来说，尽管 PRI 在印度大部分地区都是很重要的支柱，但在学术界还没有得到很多关注。将国家层面和 Panchayati 层面的政治竞争与 PRI 融资联系起来，这可以在数据可用的北部几个邦初步完成。

来自旁遮普大学的 Mohammad Sohail 认为传统的治理模式促进了保密文化，并阻碍了信息共享。在过去五十年中，社会科学文献，特别是公共行政、政治学、经济学和管理学文献提供了不同的治理模式，这些由新公共管理和企业家政府组成的替代模式不仅提高了行政管理的效率和经济性，还旨在使治理变得透明、反应迅速、负责任和公民友好。在此背景下，包括印度在内的很多国家已经开展了一系列以公民为中心的行政举措。在印度，主要举措包括信息权利法、公民宪章、电子政务，简化程序以减少提供服务的时间和成本、权力下放、建立监管机构或委员会。其中，2005 年《信息权利法》（RTI）成为促进透明度、问责和遏制腐败的有力武器，更加明确地促进以公民为中心和善政的理念。RTI 确保了普遍获得由政府资助的公共当局和机构掌握的信息。

第三单元由来自海德堡大学的 Rahul Mukherji 教授主持，金道尔全球大学的 Swagato Sarkar 教授和中国社会科学院的张书琬博士合作向大家介绍了他们的文章——《中印土地征用治理的比较研究》。文章围绕两个问题展开对中印治理体系的比较——国家主导和市场主导的土地征用模型哪一个更具优势？就功能的角度而言，从农用到工用的土地转型过程中，是否可以实现自发且平稳的转型？两位学者分别介绍了印度和中国的土地征用的演变历程，比较分析了两国国家过度征用引发的社会影响和冲突，介绍了两国国家的补偿和解决方案。

来自上海交通大学的陈慧荣教授在制度诚信和非正式规则的框架下，探讨在中国法律管辖之外的土地发展情况。在分析了不同类别的非正式制度之后，主要着眼于互斥的非正式制度这一类别及其动态发展，关注中国情境下的非正式土地发展，例如小产权房、违章建筑等问题。陈慧荣教授举了深圳土地扩张案例，随着 20 世纪 80 年代城市化的步伐，深圳经历了迅速的土地非正式化扩张（1984—1992 年）和迅速的国有化（1992—2004 年）过程，农村违章建筑数目惊人，“种”房保地运动周期性地发生。一方面是政府严查违法建筑，另一方面是村民以各种形式结集，为非正式土地权利辩护，最终政府达成某种形式的让步，非正式规则逐步实现正式化，这一分析机制对于其他诸如小产权房问题的分析也具有较强的理论意义。

来自上海财经大学的王茵教授阐释 PPP 模式的提前终止机制。一方面，PPP 项目在中国 20 世纪 90 年代以后迅速发展起来；另一方面，有相当一部分的 PPP 项目在周期结束前提前终止。文章试图解析政治环境如何影响到 PPP 项目在发展中国家的命运，以及什么是决定 PPP 项目在中国提前终止的重要因素。文章使用质性研究方法，从自 1988 年至 2016 年的所有 148 个道路及桥梁 PPP 项目中选取了 30 个项目作为样本，在考虑了包括项目与中央政府政策冲突、民意冲突、地方政府行政管理冲突、环境及项目收益五方面的影响条件后，分析项目情况得出结论，在中国，政治环境特点影响 PPP 模式发展，最重要的影响要素是中央政府立法和规章制度的影响。

来自美国纽约市立大学柏鲁克分校的陈斌教授介绍他的合作论文，通过案例比较引入对公私伙伴关系中的交易隐患与治理机制的探讨。陈斌教授指出，常见的影响 PPP 项目成败的隐患主要是四个方面:不确定性,评估困难,信息不对称,以及合同完成期限。但现有研究没有形成涵盖四个方面的完整的理论框架,同时没有深入阐释这一影响路径,尤其是没有将治理机制、绩效表现等引入现有的分析机制,并且局限于某一国家或地区的情况而缺乏概括。文章理论部分就着眼于细化这一影响路径,对应地提出 8 种治理机制,分别是认识、灵活性、保护、认可、透明、竞争、声誉和信任。接下来,陈斌教授引入中印的两个背景而结果大相径庭的 BOT 案例,从新的分析机制出发,分析了造成这不同结果的原因。

论坛第四单元由来自南非西开普省大学的 Chris Tapscott 主持,来自上海纽约大学的李逸飞教授的报告主题是“中国生态文明建设中的自豪与偏见”。中国的生态建设包括国家提出国家认同,将中国确立为文明进步的新领袖,还包括国家政策框架,特别是对环境问题的一系列监管干预政策。“生态文明”成为学术领域、大众领域和政府领域有关环境的争论的结果。2015 年,中央政府将加快生态文明建设列为主要任务,并在各省开展试点和非试点实践。李教授从现有问题、解决办法、前景展望三个角度介绍中国生态文明建设现状,并按照国家级优先和省级优先进行了分类。

来自海德堡大学的 Tanvi Deshpande 介绍印度有关气候变化的国家行动计划的制度化变迁,印度的气候变化政策的进化大体分为三个阶段,20 世纪 70 年代的政策重点是全面的环境政策,90 年代议题转变为国际气候变化的辩论,2007 年国内出台了气候政策,并继续保持在全球气候问题的争论中积极参与的态度。接着,她从行政官僚体制、战略计划、计划核心、关键步骤和资金来源五个方面对国家关于气候变化的行动计划进行对比,并分析印度在气候问题的全球话语权的转变。

来自南洋理工大学的于文轩教授围绕中国妇女政治参与的情况展开发言,首先阐明妇女参与政治决策的重要性,并从过去、现在、未来三个维度阐述妇女在中国政治参与的情况。在儒家思想的主导的帝制统治中,女性在儒家社会结构中处于从属于男性的地位,因此只有极少数的女性能够进入政治决策圈。新中国成立以来,五四宪法赋予了妇女选举权和被选举权等权利，八二宪法对这一权利作了重申，之后国家颁布的其他法令中对女性的政治参与予以保障。接着，他从文化观念、妇女职责、政府议程设计和实施等角度对女性参与政治的原因进一步分析。最后，他提出，随着女性对个人权利的认识不断发展，赋予其政治权利是不可避免的，因为它是自由市场体系下物质利益的延伸。此外，改革开放的深入有利于中国女性追求平等机会，推动中国的社会性别政策向国际准则的一致性发展。

最后，来自浙江大学的Shachee Agnihotri博士讨论中国和印度的人口老龄化状况。从社会经济学提供的数据来看，未来五十年，中国和印度的人口老龄化将进一步加强，老年关怀将变得更加重要。接着，她从生育率、赡养率、婴儿潮一代、人口红利等角度分析了不同阶段的劳动人口、老龄人口的状况及LTC关怀的具体内容和适用背景。她同时提出，家庭结构的变化、个人主义观念的流行、工作人口面临的压力等变化，影响了老年人支持体系的发展，不断变化的人口数据表明中国未来对老年人护理的需求会增加，印度也是如此。

论坛联合主席加州大学河滨分校Anil B. Deolalikar教授、海德堡大学Rahul Mukherji教授和复旦大学敬乂嘉教授做了总结发言，并期待来年第三届中印发展治理论坛的举办。会议在参与者的热烈掌声中结束。

（陈　阳　宋怡亭　蔡晓昕　张宇婷　于春玲）

稿　　约

1.《复旦公共行政评论》为学术性与思想性并重的公共行政研究类系列出版物，由复旦大学国际关系与公共事务学院主办，每年出版1—2辑。《复旦公共行政评论》坚持学术自由之方针，以推动中国公共行政研究的发展为目标。欢迎海内外学者赐稿。

2.《复旦公共行政评论》每辑专题由编辑委员会确立，除专题论文外，还刊载其他中文研究性论文，兼及译稿、研究评论、书评及其他相关撰述。译稿请注明原文语种及出处。稿件需为未在任何报章、刊物、书籍或出版物发表的作品，会议论文以未出论文集为限。

3. 研究性论文一般以一万字至二万字为宜，其他类型的文字可在一万字上下。

4. 来稿可为打印稿，也可为电子文本。来稿须符合《复旦公共行政评论》文稿体例。

5.《复旦公共行政评论》实行匿名审稿制度，由学术委员会审定稿件。收到稿件后三个月内，《复旦公共行政评论》编辑部即通知作者关于稿件的处理意见。文字打印稿恕不退还。

6. 凡在《复旦公共行政评论》发表的文字并不代表《复旦公共行政评论》的观点，作者文责自负。

7. 凡在《复旦公共行政评论》发表的文字，著作权归复旦大学国际关系与公共事务学院所有。未经书面允许，不得转载。

8.《复旦公共行政评论》编辑部有权对来稿按稿例进行修改。不同意修改者请在投稿时注明。由每辑执行主编负责具体工作。

9. 来稿请附作者署名、真实姓名、所属机构、职称学位、学术简介、通讯地址、电话、电子邮箱地址，以便联络。

10. 打印稿请寄：复旦大学国际关系与公共事务学院《复旦公共行政评论》编辑部（邮政编码：200433，地址：上海市邯郸路220号）。电子文本请寄：Chinapa@fudan.edu.cn。

稿　　例

一、稿件第一页请放入论文题目、作者姓名、单位、通讯地址、电子邮件、个人介绍(150字以内)。

二、第二页开始请放入文章内容,依次序包括:题目、中文提要(300字以内)、关键词(3—5个)、正文、文献、英文提要。

三、注释均用页下脚注。

四、节次或内容编号请按一、(一)、1、(1)……之顺序排列。文字采用宋体小四字号。

五、正文每段段首空两格。独立引文左右各缩进两格,上下各空一行,不必另加引号。

六、正文或注释中出现的中、日文书籍、期刊、报纸之名称,请以书名号《　》表示;文章篇名请以双引号《　》表示。西文著作、期刊、报纸之名称,请以斜体表示;文章篇名请以双引号""表示。古籍书名与篇名连用时,可用·将书名与篇名分开,如《论语·述尔》。

七、正文或注释中出现的页码及出版年月日,请以公元纪年并以阿拉伯数字表示。页码置于页面右下角。

八、文献引用的格式,均采取在文章内引用文献处的句末进行标识,加括号,括号内放入作者姓名、逗号与著作年份。多个作者间用顿号隔开,或采取某某等。如果人名已经出现在句中,则人名后加括号,括号内放入著作的年份。例如:生产力决定生产关系(马克思,1856)。

九、英文文献采取APA(美国心理学会)的格式。

杂志文章示例:

Devine, P.G., & Sherman, S.J.(1992). "Intuitive versus rational judgment and the role of stereotyping in the human condition: Kirk or Spock?" *Psychological Inquiry*, 3(2):153—159.

专著示例：

Okuda，M.，& Okuda，D.（1993）. *Star trek chronology*：*The history of the future*. New York，NY：Pocket Books.

格式详见 http://www.liunet. edu/cwis/CWP/library/workshop/citapa.htm。

十、中文文献格式见下：

（一）书籍

（1）专/编著：王沪宁主编：《政治的逻辑：马克思主义政治学原理》，上海人民出版社 2004 年版。

（2）译著：罗伯特·吉尔平：《国际关系政治经济学》，杨宇光等译，经济科学出版社 1989 年版。

（3）文集中的文章：黄仁伟：《关于中国和平崛起道路的再思考》，载上海市社会科学界社联合会编：《人文社会科学与当代中国——上海市社会科学界 2003 年度学术年会文集》，上海人民出版社 2003 年版，第 164—175 页。

（二）论文

（1）期刊论文：竺乾威：《从新公共管理到整体性治理》，《中国行政管理》2008 年第 10 期，第 52—58 页。

（2）报纸文章：丁刚：《多边合作求安全》，《人民日报》2005 年 3 月 23 日，第三版。

（三）互联网上下载的资料除应注明作者、题目、发表时间等信息外，还应注明完整网址以及投稿者登录日期。

复旦大学国际关系与公共事务学院

系列出版物已出书目

《复旦国际关系评论》已出版书目

第 1 辑 《世纪之交的国际关系》 /徐以骅 主编 蒋昌建 副主编

第 2 辑 《国际关系研究:理论、视角与方法》 /包霞琴 苏长和 主编

第 3 辑 《大国外交:理论·决策·挑战》(上、下) /肖佳灵 唐贤兴 主编

第 4 辑 《超越威斯特伐利亚》 /陈玉刚 袁建华 主编

第 5 辑 《国际关系与认同政治》 /何佩群 俞沂暄 主编

第 6 辑 《多边治理与国际秩序》 /潘忠岐 主编

第 7 辑 《环境问题与国际关系》 /薄燕 主编

第 8 辑 《国际责任与大国战略》 /潘忠岐 主编

第 9 辑 《国际公共产品与地区合作》 /张建新 主编

第 10 辑 《知识社群与主题意识》 /唐世平 陈玉刚 主编

第 11 辑 《中国与诸大国关系》 /陈玉刚 主编

第 12 辑 《中国话语与国际关系》 /苏长和 俞沂暄 主编

第 13 辑 《国际体系变革与新型大国关系》 /张建新 主编

第 14 辑 《国际秩序与国际秩序观》 /陈玉刚 主编

第 15 辑 《中美贸易:失衡与摩擦》 /张建新 主编

第 16 辑 《一带一路与国际合作》 /黄河 主编

第 17 辑 《网络安全与网络秩序》 /沈逸 主编

第 18 辑 《金砖国家与全球经济治理》 /朱杰进　主编

第 19 辑 《国际发展合作新方向》 /郑宇　李小云　主编

第 20 辑 《一带一路倡议与国际关系》 /宋国友　主编

第 21 辑 《国际法治与全球治理》 /秦倩　主编

第 22 辑 《"一带一路"与区域性公共产品》 /黄河　贺平　主编

第 23 辑 《医学与国际关系》 /秦倩　徐以骅　主编

《复旦政治学评论》已出版书目

第 1 辑 《革命后社会的政治与现代化》 /陈明明　主编

第 2 辑 《制度建设与国家成长》 /刘建军　主编

第 3 辑 《执政的逻辑:政党、国家与社会》 /刘建军　陈超群　主编

第 4 辑 《权利、责任与国家》 /陈明明　主编

第 5 辑 《历史与理性》 /洪涛　主编

第 6 辑 《中国民主的制度结构》 /陈明明　何俊志　主编

第 7 辑 《共和国制度成长的政治基础》 /陈明明　主编

第 8 辑 《文化与民主》 /郭定平　主编

第 9 辑 《转型危机与国家治理》 /陈明明　主编

第 10 辑 《集体行动的中国逻辑》 /陈周旺　刘春荣　主编

第 11 辑 《中国模式建构与政治发展》 /陈明明　主编

第 12 辑 《治理与制度创新》 /陈明明　主编

第 13 辑 《比较视野中的现代国家建设》 /陈明明　主编

《复旦政治哲学评论》已出版书目

《复旦政治哲学评论　第 1 辑》 /邓正来　主编

《复旦政治哲学评论　第 2 辑》 /邓正来　主编

《复旦政治哲学评论　第3辑》 /邓正来　主编

《复旦政治哲学评论　第4辑》 /邓正来　主编

《马基雅维利与古人:复旦政治哲学评论　第5辑》 /洪涛　主编

《世俗与后世俗:复旦政治哲学评论　第6辑》 /洪涛　主编

《康德的法哲学:复旦政治哲学评论　第7辑》 /洪涛　主编

《历史境遇中的自由主义:复旦政治哲学评论　第8辑》 /洪涛　主编

《卢梭的难题:复旦政治哲学评论　第9辑》 /洪涛　主编

《寻访马克思:复旦政治哲学评论　第10辑》 /洪涛　主编

《复旦公共行政评论》已出版书目

第1辑　《城市治理与公共权力:边界、责任与合法性》 /刘晔　主编

第2辑　《公共政策与政府治理》 /顾丽梅　主编

第3辑　《危机、安全与公共治理》 /李瑞昌　主编

第4辑　《公共财政与政府改革》 /朱春奎　侯一麟　马骏　主编

第5辑　《知识增长与治理创新》 /敬乂嘉　主编

第6辑　《观念与治理》 /李春成　主编

第7辑　《网络时代的公共管理》 /敬乂嘉　主编

第8辑　《政府间关系与管理》 /敬乂嘉　主编

第9辑　《公共管理的未来十年》 /敬乂嘉　主编

第10辑　《公共应急管理:发展与比较》 /敬乂嘉　主编

第11辑　《公共行政发展:寻找决定性力量》 /敬乂嘉　公婷　苏彩足　主编

第12辑　《科技创新与城市治理》 /敬乂嘉　主编

第13辑　《全球公共行政:发展、趋势与展望》 /Jose A.Puppim de Oliveira 敬乂嘉　Paul Collins 主编

第14辑　《多中心治理:分权、合作与创新》 /敬乂嘉　主编

第 15 辑 《购买服务与社会治理》 /敬乂嘉 主编
第 16 辑 《数据治理与政府能力》 /刘淑华 敬乂嘉 主编
第 17 辑 《金砖国家对治理模式的探索》 /敬乂嘉 主编
第 18 辑 《公民资产与财政国家》 /张平 敬乂嘉 主编
第 19 辑 《公共行政与哲学》 /敬乂嘉 主编

《复旦城市治理评论》已出版书目

第 1 辑 《世界城市群与大都市治理》 /唐亚林 陈水生 主编
第 2 辑 《城市公共服务创新研究》 /唐亚林 陈水生 主编
第 3 辑 《城市精细化治理研究》 /唐亚林 陈水生 主编

图书在版编目(CIP)数据

公共行政与哲学/敬乂嘉主编.—上海:上海人民出版社,2018
(复旦公共行政评论;第19辑)
ISBN 978-7-208-15596-1

Ⅰ.①公… Ⅱ.①敬… Ⅲ.①行政学-哲学-研究
Ⅳ.①D035

中国版本图书馆CIP数据核字(2018)第291799号

责任编辑 赵荔红
封面设计 王小阳 夏 芳

复旦公共行政评论第19辑
公共行政与哲学
敬乂嘉 主编

出　版	上海人民出版社 (200001 上海福建中路193号)
发　行	上海人民出版社发行中心
印　刷	常熟市新骅印刷有限公司
开　本	635×965 1/16
印　张	13.25
插　页	4
字　数	180,000
版　次	2018年12月第1版
印　次	2018年12月第1次印刷

ISBN 978-7-208-15596-1/D·3331
定　价 55.00元